Internetadressen für PGP-[...]en

Bücher und Verlage

Ihr freundliches christliches Medienhaus
kawohl.de

die-bibel.de
Der Online-Shop der
Deutschen Bibelgesellschaft

Bethel
v. Bodelschwinghsche Stiftungen Bethel
www.bethel.de

Hier könnte Ihr Eintrag stehen!

z.B. 50 mm h. x 58 mm b. = 250 Euro jährlich
(5 Euro pro Millimeter)

Erscheinungstermine: Januar, April, Juli,
Oktober

Buchungen und Infos über:
Rainer Ott Media
Tel. 07272 / 91 93 19 / Fax. 07272 / 91 93 20
ott@ottmedia.com

www.christliche-geschenke.de

Beliebte und bewährte Arbeitshilfe
in der Gemeindepraxis
Buch + CD-ROM
mit allen Kopiervorlagen,
farbigen Abbildungen
und Liedtexten

Hrsg. von Sabine Meinhold
in Verbindung mit Hanna de Boor,
Susanne Guggemos und
Runa Sachadae
GOTTESDIENSTE MIT KINDERN
Handreichungen
von Neujahr bis Christfest 2018

344 Seiten | 14,5 x 21,5 cm
mit zahlreichen Abbildungen
Paperback + CD-ROM
ISBN 978-3-374-04757-4
€ 19,00 [D]

EVANGELISCHE VERLAGSANSTALT
Leipzig   www.eva-leipzig.de

Bestell-Telefon 0341 7 11 41 44 · shop@eva-leipzig.de

www.interreligioes-bilden.de

Kircheneinrichtungen

Sitzmöbel für Gemeinden
www.kaweo.de

MAGDALENEN VERLAG
Karten · Kalender · Bücher · Geschenke zu jedem Anlass
www.magdalenen-verlag.de

Reisen und Erhohlung

Studien-, Pilger-, Begegnungs- und
Konzertreisen **ReiseMission**
www.reisemission-leipzig.de

kulTours | weitweg nahdran
Gemeindebildungs-Reisen
Hotline: 07141-97543-10
www.kultours.net

zum Beispiel:
Israel/Palästina
Armenien
Schottland
Äthiopien
Jakobsweg
Malta
Jordanien
Marokko
und und und

ECC-Studienreisen
Kirchliches und Kulturelles Reisen
www.ecc-studienreisen.de

REISE-WERK
FREIZEITEN MIT VISION
Freizeiten
Gruppenreisen
Rüstzeiten
WWW.REISE-WERK.DE

Werbung

**Buchvertrieb • Werbung
Anzeigenvertretung**

Deutsches Pfarrerblatt
Theologische Literaturzeitung
Praxis Gemeindepädagogik
Ökumenische Rundschau

Beraten – Planen – Realisieren

Rainer Ott Media
Tel: 07272 919319 • Fax: 07272 919320
ott@ottmedia.com • www.ottmedia.com

Anzeigenschluss für
die nächste Ausgabe 2–2018 der
PRAXIS GEMEINDEPÄDAGOGIK
ist der 15. März 2018.

Das etwas andere Gesangbuch
Die schönsten Lieder mit frischen Texten
von Peter Spangenberg

Wer kennt sie nicht, die Melodien von beliebten Gesangbuchliedern wie »Nun danket alle Gott« oder »Ich singe dir mit Herz und Mund«? Viele Texte der älteren Lieder bedürfen jedoch genauer Ausdeutung oder bleiben in der heutigen Zeit völlig fremd.

Peter Spangenberg versieht bekannte Melodien mit erfrischend lebensnahen und aktuellen Texten, die zentrale Glaubensinhalte mitten in unseren Alltag hineinholen.

In thematisch geordneten Kapiteln wie »Der Lauf des Lebens«, »Abend und Morgen«, »Kirchenjahr« oder »Lob und Hoffnung« finden sich viele vertraute Lieder des Gesangbuches und darüber hinaus.

Das Liederbuch ist hervorragend geeignet und erfolgreich erprobt für Gottesdienste, Gemeinde- und Bibelarbeit, für den Religionsunterricht sowie für Frei- und Rüstzeiten aller Altersgruppen.

Peter Spangenberg
DAS ETWAS ANDERE GESANGBUCH
Die schönsten Lieder mit frischen Texten

104 Seiten | 14,5 x 21,5 cm
Paperback
ISBN 978-3-374-02167-3
€ 9,80 [D]

Weitere Infos und
Bestellmöglichkeit
unter
www.eva-leipzig.de

T0108328

VORWORT

Lars Charbonnier
Vorwort 3

Johanna Haberer
Meditation 4

ZUGÄNGE

Lars Charbonnier
Die „Kommunikation des Evangeliums" als Aufgabe der Kirche –
eine praktisch-theologische Positionierung 6

Sina Dietl
Sprache und Gehirn 8

Wolf Schneider
Bloß kein Kirchendeutsch – von Luther und Jesus lernen . . 10

Sina Dietl
**Sprache und Identitäten in interkulturellen
Kommunikationssituationen** 14

Felix Ritter
Wenn Reden ein Geschenk ist 16

Christine Zarft
Du sollst ein Gestus sein 21

Markus Hildebrandt Rambe
Abschied von der Einsprachigkeit
Christinnen und Christen unterschiedlicher Sprache und Herkunft
verändern die kirchliche Landschaft 23

PRAXIS

Frieder Harz
Philosophieren und Theologisieren
Mit der Jahreslosung ins Gespräch kommen 24

Sina Dietl
Gesprächsarten 26

Uwe Hahn
Spiele mit dem Mund 27

Jens Luniak
Eine Frage des Stils
Zehn Internetseiten, die Sie sofort bessere Texte schreiben lassen . . 29

Michael Köckert
Geschichten-Box
Bibelgeschichten im Vorbeigehen 30

Christine Ursel
Speed-Dating: Gesprächsimpulse abseits der Tagesordnung
Spielerisches für Kirchenvorstände und andere Gremien
und Arbeitsgruppen 31

Uwe Hahn
4-Phasen-Luther-Tabu 32

Jutta Rottwilm
Mehr als 1000 Worte
Organisationskultur als beredtes Zeugnis 33

Christa Olbrich
Idiolektik
Mit der Eigensprache in die Welt des anderen eintreten 37

Johannes Tebbe
Schweigen ist Gold
Spiritualität der Stille in Schweigeexerzitien erfahren 40

Andreas Konrath
Gebärdensprache Small Talk 42

Beate Baberske
Paramente im Kirchenraum
Liturgische Sprache ohne Worte 45

Christine Ursel
Und worüber reden Sie?
Schätze heben mit der Wertschätzenden Erkundung –
Appreciative Inquiry 48

Dirk Schliephake
Es begab sich aber...
Krippenspiel in Leichter Sprache 50

KIRCHENJAHR/ENTWÜRFE

Petra Müller
**Ich will dem Durstigen geben
von der Quelle lebendigen Wassers umsonst**
Anregungen zur Jahreslosung 2018 52

Steffen Weusten
Bausteine für eine Osternacht mit Konfis
Konfis bauen eine Passions- und Osterinstallation 54

Andreas Langkau
KREUZ WEG
in der katholischen Kirche „Maria Meeresstern" auf Borkum 56

Wachsendes Wort – wenn Sprache grünt
Eine vor-österliche Einladung 59

Petra Müller
Mit anderen und mit sich ins Gespräch kommen
Materialtipps für die Praxis 60

Claudia Brand
Mit Bildern zum Sprechen anregen 63

FORUM

Friedrich Rößner
Von Sprache und Pferdestärken
31 Tage mit WORT.TRANSPORT. durch Bayern 64

Petra Müller
Buchtipps für die gemeindliche Praxis 65

Impressum 66

Lars Charbonnier
Buchrezensionen 66

Gewinnspiel: Silbenrätsel rund um SPRACHE 68

SPRACHE

Liebe Leserinnen und Leser,

Lars Charbonnier,
PGP-Schriftleiter

„An ihrer Sprache sollt ihr sie erkennen!" So überschrieb Hans Jacob 1938 seinen in der von Brecht u. a. herausgegebenen Exilzeitschrift „Das Wort" veröffentlichten Aufsatz gegen die Gleichschaltung der deutschen Sprache. Ihre Worte sind die Früchte der falschen Propheten, so wendet er den vielzitierten Satz aus Mt 7,15 hier an und warnt damit eindrücklich vor den politischen Implikationen von Sprache. Heute ist diese Warnung nicht minder aktuell, auch heute ist nicht nur relevant, was gesagt wird, sondern auch wie es gesagt wird. Denn unsere Sprache prägt, inszeniert, kreiert unsere Wirklichkeit.

Als Protestanten wissen wir um das Risiko der Worte und zugleich um ihre immense Bedeutung: Kommt doch der Glaube aus dem Hören auf das Wort, ist doch unsere kirchliche Praxis zuerst und wesentlich die der Kommunikation des Evangeliums. Unsere Glaubenswelt bauen wir auf, erschließen wir, gestalten wir ganz wesentlich über unsere Sprache, verbal und nonverbal, direkt wie indirekt. Und auch wir werden nicht nur an den Taten, sondern auch und zumeist an unseren Worten gemessen.

Die Fähigkeit, in unserer Zeit sprachfähig zu sein über unseren Glauben, gehört deshalb zu den wesentlichen Bildungsaufgaben der Gemeindepädagogik. Wer andere in die Sprache des Glaubens einführen und diese mit ihnen entdecken und entwickeln will, braucht selbst eine hohe Reflexion eigener Sprache, eigener Kommunikation. Wie rede ich verständlich und einfach, ohne nichtssagend zu werden? Wie gestalte ich gemeinsame Sprachräume und leite an zu gemeinsamen Sprachspielen? Wie kommuniziere ich angemessen in Raum und Zeit, als Liturg oder in Krisensituationen? Wie kann ich die Sprachkraft Martin Luthers heute nutzen und selbst zu neuer Sprachkraft kommen? Alles das sind Fragen, die die Beiträge dieses Heftes bearbeiten. Wie immer decken sie dabei eine Vielzahl unterschiedlicher Perspektiven und unterschiedlicher Sprachwelten ab. Sie laden ein, auch miteinander ins Gespräch zu kommen.

Diese Ausgabe ist aber nicht nur deshalb besonders, weil sie sich einem Kernthema gemeindepädagogischer Arbeit widmet. Es ist die erste Ausgabe seit 2011, die nicht unter der Schriftleitung von Matthias Spenn veröffentlicht wird. Ich darf Sie im Namen der Redaktion als neuer Schriftleiter herzlich grüßen. Mein Name ist Lars Charbonnier, ich bin Pfarrer und arbeite als Studienleiter in der kirchlichen Erwachsenenfortbildung. Seit 2013 bin ich Mitglied der Redaktion und darf von nun an diese Arbeit als Schriftleiter fortführen. Ich danke meinen Redaktionskolleginnen und -kollegen und dem Verlag sehr herzlich für das Vertrauen! Und ich bitte Sie herzlich weiterhin um Ihre kritisch-konstruktive Partnerschaft mit unserer Arbeit. Es war, ist und bleibt mein und unser Ziel, dass die PGP ein prägender Diskursraum für die gemeindepädagogische Praxis bleibt. Spannende Hintergründe und anregende Praxiserfahrungen und -impulse aus dem weiten Feld evangelischer Bildungsarbeit wollen wir hier weiterhin für Sie mit hoher Qualität zusammenstellen, um Sie in Ihrer Arbeit relevant zu unterstützen. Wenn Sie Anregungen für uns haben, wie wir das künftig noch besser tun können, schreiben Sie uns bitte. Wir freuen uns auf das Gespräch mit Ihnen!

Lars Charbonnier

Diese Ausgabe enthält eine Beilage der Edition chrismon, Leipzig sowie der Zeitzeichen gGmbH, Berlin. Wir bitten um freundliche Beachtung.

Meditation

Johanna Haberer

Das Kinderbuch des Mathematikers und Theologen Lewis Carroll „Alice im Wunderland" erzählt auch von der Vergiftung und Vermüllung der Sprache. Alice trifft eines Tages auf die Raupe. Diese nannte „Schwarz" „Weiß", „ein Wenig" „Alles" und „Gestern" nannte sie „Morgen". Aber, protestierte Alice, es kommt doch darauf an, was Worte bedeuten. Nein, meinte die Raupe, und sie nahm einen tiefen Zug aus der Wasserpfeife, es kommt nicht auf die Bedeutung an, es kommt darauf an, wer die Macht hat. Zu dieser Behauptung fällt Alice absolut keine Erwiderung ein, denn sie hatte gelernt, dass auch die Mächtigen die Bedeutung der Wörter respektieren mussten.

Deine Sprache verrät Dich! Diesen Satz – gesprochen vor dem Jerusalemer Gefängnis kurz nach der Gefangennahme Jesu – hat Petrus, Jesu bester Freund, sicherlich sein Leben lang nicht vergessen. Die Sicherheitskräfte der Hohen Priester wollten damit sagen: Wir können an Deiner Sprache hören, zu wem Du gehörst. Am Dialekt? Vielleicht. Am Inhalt? Sicherlich. Es ist dem Jünger Petrus anzuhören, dass er zu Jesus gehört. Das heißt, die Zugehörigkeit zu einer Gruppe oder Idee oder einem Menschen manifestiert sich in der Art die Worte zu benutzen.Ob sie zum Trösten benutzt wird oder um innere Bilder zu malen, ob sie zum Spielen und Singen benutzt wird, zum Stärken und Aufbauen oder zum Niederreißen moralischer Standards.

Wir erleben derzeit einen merkwürdigen Wandel der Sprache bei einigen Politikern, die bei der Bundestagswahl in ein Amt gewählt worden sind. „Lügenpresse" für hart arbeitende Journalisten. Journalist ist ein gefährlicher Beruf geworden. Noch nie in der Nachkriegszeit wurden auf der Welt so viele Journalisten bedroht, eingeschüchtert, eingesperrt, gefoltert oder getötet wie in den vergangenen Jahren. Oder das Wort „Invasoren". Damit bezeichnen rechtspopulistische Gruppen Schutzsuchende, die aus Kriegs- und Hungergebieten zu uns kommen, und assoziieren damit eben nicht das innere Bild von verängstigten, zu Tode erschöpften und traumatisierten Menschen, sondern das von barbarischen Hunnenvölkern, die hoch zu Ross das Land überrennen.

Wir haben es derzeit mit einer Menge Sprachmüll zu tun. Deine Sprache verrät Dich! Wenn Menschen in der Sprache zu Sachen werden („entsorgen"), wenn das Leid, das Benehmen oder die Ansprüche Einzelner in der Sprache verallgemeinert werden: „Die alle!", dann spricht unser Strafgesetz von „Volksverhetzung". Ja, wir haben in diesem schönen Land auch ein Gesetz für die Sprache. In unserem Strafgesetzbuch heißt es im § 130, dass den öffentlichen Frieden stört, wer zum „Hass auffordert", „Teile der Bevölkerung beschimpft, böswillig verächtlich macht oder verleumdet". Das sind die Grenzen der Meinungsfreiheit und das kann jeder nachvollziehen, der genau hinhört. Es ist nicht schwer, nur anstrengend, die Worte, die man hört, nachklingen zu lassen und zu fragen: Wohin führen uns die Worte? Zur Versöhnung oder zur Trennung, zur Freundschaft oder zum Hass, zum Kompromiss oder zur Spaltung, zur Demütigung von Menschen oder zu deren Freiheit und Entfaltung.

Deine Sprache verrät Dich! Ich bin froh in einem Land zu leben, in dem sich die meisten der Politiker und Lehrerinnen und Polizisten und Journalistinnen – trotz heftiger Meinungsunterschiede in der Sache – einer Sprache bedienen, die den Frieden zwischen den Menschen fördert, nicht zerstört. Deshalb gilt es für uns Christen, die wir in dieser Gesellschaft zu anderen Menschen sprechen: liebevolle Worte wählen, Sprachräume eröffnen und genau hinhören!

Johanna Haberer ist evangelische Theologin, Journalistin und Professorin für Christliche Publizistik am Fachbereich Theologie der Friedrich-Alexander-Universität Erlangen-Nürnberg.

Die „Kommunikation des Evangeliums" als Aufgabe der Kirche

Eine praktisch-theologische Positionierung

Lars Charbonnier

Die Evangelische Kirche in Deutschland auf ihren ganz unterschiedlichen Ebenen befindet sich bekanntlich gegenwärtig in einem intensiven Reformprozess. Aufgrund wirtschaftlicher und demographischer Entwicklungen stehen Fragen ihrer Struktur und Organisation im Vordergrund. Diese sind selbstverständlich nicht unabhängig von der theologischen Verständigung über die Aufgabe der Kirche zu beantworten. Dabei kommt der von Ernst Lange aufgebrachten und zuletzt etwa von Christian Grethlein prominent vertretenen Formel von der ‚Kommunikation des Evangeliums' im theologischen Diskurs zu Recht die entscheidende Bedeutung zu. Sie versteht sich aber auch nicht von selbst. Was die ‚Kommunikation des Evangeliums' von anderen Formen religiöser Kommunikation unterscheidet und zugleich als eine bestimmte Form religiöser Kommunikation qualifiziert, bleibt oft unbedacht.

Ich denke: Die Aufgabe der Kirche als ‚Kommunikation des Evangeliums' ist heute wesentlich als Angebot zur religiösen Lebenssinndeutung zu verstehen. Die Kirche ist mit ihren Angeboten der Gottesdienste, der Seelsorge, der Bildung, der Diakonie für die Gestaltung von Räumen und Zeiten der Aneignung und Reflexion von spezifisch christlich-religiösen Lebenssinndeutungen zuständig. Sie verfolgt das Ziel, Menschen zu einem für sie tragfähigen und lebensdienlichen Selbst-, Welt- und Gottesverhältnis anzuregen und darin ihr Leben zu gründen. Vorausgesetzt wird damit theologisch die Einsicht, dass Glauben primär ein Selbstdeutungsvollzug eines religiösen Bewusstseins und damit Teil der allgemeinen menschlichen Lebenssinndeutung ist. In diesem Zusammenhang ist die Frage nach Gott zu verstehen als qualifizierende Abstraktion der Frage nach dem Sinn des Lebens. Deshalb ist diese Frage nach dem Sinn des Lebens eine zentrale Kategorie nicht nur gegenwärtiger religionstheoretischer Diskurse, sondern auch der Theologie. Die ‚Kommunikation des Evangeliums' ist somit nicht grundsätzlich unterschieden von Selbstdeutungsvollzügen in anderen Formen religiöser Kommunikation. Denn alle Formen religiöser Kommunikation zeichnen sich durch ihren Rekurs auf die Frage nach dem Sinn des

Lebens vor dem Horizont einer gewährten, nicht selbst verbürgten Ganzheit des je eigenen Lebens und damit einem Ausgriff auf eine die Immanenz individuell-subjektiven Erlebens übersteigende Transzendenzdimension aus.

Von anderen Formen der religiösen Kommunikation unterscheidet sich die christlich-kirchliche Glaubenskommunikation durch ihre spezifischen Inhalte, die sie als Sinnangebote in die Diskurse der religiösen Kommunikation einbringt und die kirchlicherseits entsprechend durch die biblischen und dogmatischen Traditionen bestimmt sind. Diese spezifischen Inhalte des christlichen Glaubens, mit denen dieser Ausgriff auf eine Dimension der Transzendenz des eigenen Lebens wie des Lebens in der Welt generell von jedem Menschen gefüllt werden kann, lassen religiöse Kommunikation zur christlich-spezifischen ‚Kommunikation des Evangeliums' werden.

Entsprechend besteht die Aufgabe der Kirche und der professionell in ihr Tätigen darin, zu begründen und nachvollziehbar aufzuzeigen, welches Selbst-, Welt- und Gottesverhältnis der christliche Glaube für den Umgang mit den Sinnfragen des Lebens bereithält. Theologisch ist dieses Angebot in einer kreuzestheologisch-basierten Rechtfertigungslehre, die den Sinn eines Lebens auch und gerade angesichts seiner Fragmentarität als von außen gewährt und von Gott als Schöpfer und Bewahrer der Welt geschenkt betrachtet, meines Erachtens differenziert und zugleich rational überzeugend formuliert.

Die Herausforderung für die in der christlich-kirchlichen religiösen Kommunikation professionell Tätigen besteht genau darin, dieses Angebot des Evangeliums von der Rechtfertigung so in die religiöse Kommunikation einzubringen, dass es den in ihrer Lebensdeutung autonomen Individuen in ihrer Suche nach einem Halt im Leben tatsächlich anschlussfähig erscheint. Die sie in diesem Sinne befreiende Botschaft des Evangeliums – also in der Idee einer Dimension gewährter Ganzheit ihres Lebens unabhängig von ihnen und ihren je individuellen Lebensvollzügen – muss den Individuen auf diese Weise immer wieder neu die Ausbildung eigener Lebenssinnkonstruktionen und damit eines von ihnen selbst für tragfähig befundenen Selbst-, Welt- und Gottesverhältnisses ermöglichen. Wenn es gelingt, diesen Zusammenhang herzustellen, findet die christlich bestimmte ‚Kommunikation des Evangeliums' als religiöse Sinnkommunikation erfolgreich statt. Die Sprache ist dazu das wesentliche Medium.

Dr. Lars Charbonnier ist Studienleiter an der Führungsakademie für Kirche und Diakonie in Berlin und Schriftleiter der PGP.

Sprache und Gehirn

Sina Dietl

Sprache ist das, was den Menschen elementar von anderen Tieren unterscheidet. Keine andere Spezies hat ein derart komplexes und differenziertes Kommunikationssystem entwickelt. Zwar können andere Menschenaffen, wie die Bonobos z. B., auf ein Verständigungsrepertoire von 64 Lauten zurückgreifen, die sie in unterschiedlichen Bedeutungen miteinander kombinieren, um ihren Artgenossen mitzuteilen, ob sich der Weg zur Futterstelle lohnt; die berühmt gewordene Schimpansin Washoe lernte gar mehrere hundert Zeichen der amerikanischen Zeichensprache ASL und benutzte sie aktiv. Jedoch sind diese Kommunikationen immer an konkrete Situationen und Handlungen geknüpft, denn nur der Mensch ist in der Lage, Sachverhalte zu abstrahieren und unabhängig von seiner Situation sprachlich weiterzugeben.

Physiologische Aspekte von Sprache

Damit überhaupt Kommunikation zustande kommt, ist das Zusammenspiel vielerlei Abläufe nötig (die Verständigung durch Zeichensprache und nonverbale Kommunikation sind von dieser Beschreibung ausgenommen): Das Außenohr nimmt die Umgebungsgeräusche auf und leitet sie an das Mittelohr weiter. Dort bringen sie das Trommelfell und die Gehörknöchelchen zum Schwingen, was wiederum die mit Flüssigkeit gefüllte Hörschnecke im Innenohr aktiviert. Diese nimmt die verschiedenen Frequenzen des Schalls wahr und wandelt sie

in Nervenimpulse um, die über den Hörnerv in das Gehirn weitegeleitet und dort mit bekannten Mustern verglichen werden. Finden sich Übereinstimmungen, sind vor allem zwei Gehirnareale an den weiteren Abläufen beteiligt.

Das Broca-Areal ist für die Verarbeitung von Satzbau und Grammatik zuständig, sowohl bei der Rezeption als auch bei der Produktion. Das Wernicke-Areal gibt den Wörtern Bedeutung. Ist eines der beiden Areale gestört, durch eine Verletzung z. B., ist eine Kommunikation praktisch nicht mehr möglich.

Sind die Schallwellen korrekt verarbeitet worden, erwartet unser Gegenüber eine Antwort. Mal ganz abgesehen davon, wie viel man nun falsch machen kann – zu viel, zu wenig sagen, zu hölzern wirken, zu schnell, zu langsam, zu undeutlich reden etc. – laufen auch hier eine Unmenge an Prozessen gleichzeitig ab. Ist die Entscheidung zum Sprechen gefallen, müssen wir unsere Aussage planen: Worüber will ich eigentlich reden und will ich berichten, begründen oder instruieren. Auch ist nicht mein gesamtes Wissen über das Thema relevant, so dass ich eine Auswahl an Informationen treffen muss. Die Gesamtinformation muss „in äußerungsgroße Einzelsachverhalte zerlegt (Segmentierung) und diese in Reihenfolge gebracht werden (Linearisierung)". (Dietrich/Gerwien 2017, 114) Intern müssen die Informationen zueinander in Beziehung gesetzt werden (wer tut was mit wem), zeitlich und räumlich eingeordnet werden. Ist die Konzeptualisierung geschehen und hat die eigene Kontrollinstanz das Ergebnis als passend bewertet, werden die phonologischen Codes für die gewählten Äußerungen abgerufen und in Anweisungen für die Muskeln, die an der Artikulation beteiligt sind, umgewandelt. Diese modulieren den Luftstrom an verschiedenen Orten zwischen Kehlkopf und Lippen und bringen so die verschiedenen Laute hervor.

Konzepte des Erstspracherwerbs

Kein Wunder also, dass ein Menschenkind die ersten 12 Jahre seines Lebens damit verbringt, diese Abläufe zu erlernen. Zur Erklärung, wie das geschieht, gibt es verschiedene Ansätze. Die drei populärsten sind der Nativismus nach Noam Chomsky, der Kognitivismus nach Jean Piaget und das interaktionistische Erklärungsmodell, das unter anderem von Lew Wygotski geprägt wurde. Allumfassend erklären kann keines von ihnen, dass Kinder in der Lage sind, jede beliebige Sprache auf der Welt zu erlernen, und das beinah mühelos, ohne gezielten Unterricht, sie geben jedoch einen guten Einblick in die Dynamik des Spracherwerbs.
Der Nativismus geht davon aus, dass ein Kind mit einem vollumfänglichen Wissen um die Grammatiken aller Sprachen geboren wird, der Universalgrammatik. Wird es nach der Geburt einer Sprache ausgesetzt, wird es aus dem Fundus an Prinzipien der Universalgrammatik die zur Inputsprache gehörenden Parameter, d.h. Einschränkungen und Optionen der Prinzipien, auswählen.

Der Kognitivismus knüpft Intelligenz und sprachliche Entwicklung eng an den Begriff des Handelns. Das Kind macht sich seine Umwelt durch Handlungen wie Greifen oder Berühren zu eigen und verknüpft diese mit anderen Handlungen wie Sehen oder Schmecken zu einem System. Dieses System ist von Adaption und Akkomodation geprägt. Adaption bedeutet die Veränderung der Umwelt an die eigenen Bedürfnisse und Akkomodation die Anpassung des eigenen Verhaltens an Umweltbedingungen. Auf Basis der Erfahrungen, die ein Kind dadurch macht, entwickelt es eine Vorstellung, die auch dann noch vorhanden ist, wenn das Objekt oder die Situation nicht mehr gegenwärtig sind – es beginnt also zu abstrahieren. Dies ist die Grundlage unserer Kommunikation.

Das interaktionistische Konzept geht davon aus, dass die Lernfähigkeit des Kindes einen intensiven wechselseitigen Austausch mit seiner Umwelt voraussetzt. Diese Theorie geht nicht von einem angeborenen Sprachwissen aus, sondern sagt, dass Kinder durch den direkten Kontakt mit den ihnen zugewandten Personen lernen. Dabei begeben sich diese (erwachsenen) Personen annähernd auf dasselbe Entwicklungslevel, auf dem sich die Kinder befinden, jedoch immer noch mit einem etwas höheren Niveau, und animieren sie so, die „Zone der nächsten Entwicklung" zu erreichen. Für die Verfechter dieses Modells ist Sprache eher soziale als biologische Errungenschaft.

Die Stadien des Erstspracherwerbs

Der Erwerb von Sprache läuft in der Regel in geordneten Stadien ab und ist etwa mit dem 12. Lebensjahr abgeschlossen. Auch danach vergrößern wir noch unser Lexikon, lernen dazu, aber das vollständige Grundgerüst steht in diesem Alter.

Die sprachliche Entwicklung beginnt mit einem Schrei. Dieses durchaus unangenehme Geräusch ist ein angeborenes Lautmuster, das Babys physiologisch auf die Produktion von sprachlichen Tönen vorbereitet. Nach einigen Lebenswochen differenzieren sich diese Töne aus und zeigen die Bedürfnisse an. So klingt nun ein Schmerzschrei anders als einer aus Hunger. Daraus entwickeln sich verschiedene Lautmuster, die durch die Modulation der Ausatmung entstehen. Nach und nach kommen mehr Laute hinzu, bis sich schließlich die ersten Worte erkennen lassen. In der Regel ist die Menge aller Laute der Muttersprache, das phonetische Inventar, mit 7 Jahren komplett.

Gegen Ende des ersten Lebensjahres ist ein rudimentäres Verständnis von Wörtern zu erkennen. Sehr früh kommen auch schon Mimik und Gestik zum Einsatz. Ab dem 1. Lebensjahr wächst der Wortschatz kontinuierlich. Mit 2 Jahren werden bereits etwa 50 Wörter beherrscht, was sich bis zum 4. Lebensjahr rasant fortsetzt und danach verlangsamt. Zuerst werden Gegenstände benannt, Dinge, die zu sehen sind, wie Essen, Spielsachen oder Familienmitglieder, dann beginnt das Kind Aktionen zu benennen, also das, was mit den Dingen passiert. Als letzter Schritt, beginnend etwa im Alter von 2 Jahren, benennt es Beziehungen zwischen den Gegenständen und die qualitativen Merkmale durch Adjektive. Auch abstrakte Ausdrücke zu Gefühlen sind nun schon verfügbar. Mit dem Erwerb des Lexikons wird auch die Syntax erworben. Bis etwa zum 18. Lebensmonat verfügen Kinder über die Kompetenz zu Ein-Wort-Sätzen, ab dem 2. Lebensjahr beinhalten ihre Sätze bereits 3 oder mehr Wörter. Ab dem 4. Lebensjahr bauen Kinder kontinuierlich eine komplexe Syntax mit Flexion, Passivbildung und Haupt- und Nebensätzen aus.

Die Mechanismen hinter der Fähigkeit des Menschen, auf diese Weise zu kommunizieren, sind nicht ausreichend geklärt. Fest steht jedoch, dass die Abläufe der Sprachproduktion und -rezeption sowie des Spracherwerbs in allen Fällen nach demselben Prinzip und in derselben Reihenfolge ablaufen.

Literatur

Dietrich, Rainer/Gerwien, Johannes (2017): Psycholinguistik. Eine Einführung, Stuttgart.

Klann-Delius, Gisela (2008): Spracherwerb, Stuttgart.

http://www.kindergartenpaedagogik.de/1226.html (abgerufen: 19.10.2017).

http://www.spiegel.de/wissenschaft/natur/affen-gespraeche-unter-verwandten-a-521338.html (abgerufen: 2.10.2017).

Sina Dietl hat Sprachwissenschaft studiert und ist Redaktionsassistentin der Praxis Gemeindepädagogik.

Bloß kein Kirchendeutsch – von Luther und Jesus lernen[1]

Wolf Schneider

Die Sprache Luthers zu übertreffen ist unmöglich, sie zu erreichen ziemlich schwer. Die Lutherbibel ist die Stiftungsurkunde der deutschen Sprache. Ich beneide keinen, der jeden Sonntag in sprachlicher Konkurrenz zu Luther treten muss. Es fragt sich nur, ob die Mehrheit der evangelischen Würdenträger so weit hinter Luther zurückbleiben muss, wie ich es hundertfach angetroffen habe.

Insoweit Prediger – wie ich hoffe – alle Gläubigen erreichen wollen, sind also alles akademische Gehabe, alle Wörter, die nur fünf Prozent der Deutschen verstehen, die absolute Pest.

Sie haben es fertig gebracht, in klarem Deutsch sehr schwierige Sachen auszudrücken.

Gern behaupten ja die Leute, die sich so ausdrücken: Das Schwierige lasse sich nicht in schlichten Wörtern und schlichten Sätzen ausdrücken. Dagegen steht erstens Luther, dagegen steht zweitens der ganze Heinrich Heine, der ganze Franz Kafka, der ganze Bert Brecht – der seinerseits die Bibel las –, der ganze Sigmund Freud, der großartiges, brillantes Deutsch geschrieben hat. Sie alle haben es fertig gebracht, in klarem Deutsch sehr schwierige Sachen auszudrücken. Der akademische Vorwand, so komplizierte Dinge kann ich nicht klarer sagen, ist erlogen, wichtigtuerisch, leicht widerlegbar.

Es gibt ja auch gute Texte. Ich habe zum Beispiel gelesen: „Die Kirche ist keine Zollstation. Sie ist das Vaterhaus, wo Platz ist für jeden mit seinem mühevollen Leben." Das war allerdings Papst Franziskus. Bischof Huber aber stellte in seinem Impulspapier von 2006 zwölf „Leuchtfeuer" vor (ein schönes deutsches Wort, aber das war auch das Einzige). Dieses Papier habe ich in sprachlicher Hinsicht ausgewertet. Huber stellte die Frage, „welche qualitativen und strukturellen Umwand-

lungen die evangelische Kirche braucht, um den notwendigen Mentalitätswandel zu gestalten". Ich stelle mir das Gespräch am Frühstückstisch vor: Was tust du gerade? Störe mich nicht, ich gestalte den notwendigen Mentalitätswandel. So spricht doch kein Mensch und so hat kein Theologe je zu sprechen.

Vielleicht hätte er einfach sagen können: Machen wir es wie Gorbatschow. Wer sich nicht wandelt, den bestraft das Leben. Bischof Huber hat z.B. mehr „kybernetisch-missionarische Kompetenz" eingefordert. Wenn es großenteils die Sprache war, die einst dem Luthertum zum Sieg verholfen hat, so wird es solche Sprache sein, die seinen Niedergang beschleunigt. Dies ist meine redliche und durch zahlreiche Lektüre ganz gut abgestützte Meinung. Die „kybernetisch-missionarische Kompetenz" hat ja zwei Kardinalfehler auf einmal, ebenso die „Apostolizität".

Wie viel Prozent der evangelischen Kirchgänger oder der Zeitungsleser wissen denn, was „kybernetisch-missionarische Kompetenz" oder „Apostolizität" bedeuten soll? Drei Prozent, fünf Prozent?

Doch niemals jene 80 Prozent, auf die Journalisten immer zielen sollten und Prediger doch

Ein Wort ist aber umso verständlicher und umso kraftvoller, je weniger Silben es hat.

wohl bitte auch. Fünf Prozent sind ein Skandal, fünf Prozent sind ein Stück akademischer Hochmut, fünf Prozent sind ein Stück rätselhafter Gleichgültigkeit gegen die, die man doch erreichen will oder erreichen sollte.

Der andere Kardinalfehler der „kybernetisch-missionarischen Kompetenz" öffnet das Tor zu einer klaren Gebrauchsanweisung. Die „Apostolizität" hat sechs Silben. Das „Eucharistieverständnis", auf das ich vor ein paar Tagen stieß, hat sogar sieben Silben und „kybernetisch-missionarisch" zusammen

---

1 Gekürzte Version der Rede auf dem 3. Christlichen Medienkongress in Schwäbisch Gmünd, Januar 2014. Zuerst erschienen auf sinnstiftermag.de, Ausgabe 17, <http://sinnstiftermag.de/ausgabe_17/statement_10.htm>.

acht. Ein Wort ist aber umso verständlicher und umso kraftvoller, je weniger Silben es hat. Das sagt die Stilistik. Das sagt eine exakte Wissenschaft namens Verständlichkeitsforschung.

Die Einsilbigkeit regiert uns ja auf sehr einleuchtende Weise. Das demonstriert Luther, Arm in Arm übrigens mit Goethe, mit Schiller, mit Winston Churchill. Ein sechssilbiges Wort habe ich in der Lutherbibel gefunden: „Erhebe dein Gebet für die Übriggebliebenen" (2. Könige, 19).

In den 111 Versen der Bergpredigt aber gibt es nicht mal ein fünfsilbiges Wort, kein einziges. Die längsten sind viersilbig, davon gibt es 21 Viersilber auf 2.500 Wörter, heißt weniger als ein Prozent. Und was sind das für Viersilber: Die „Sanftmü-

tigen", die „Barmherzigen", die „Ungerechten". Dazu starke viersilbige Verben wie „widerstreben", „ehebrechen", „ausposaunen". Und für ein so schönes, kraftvolles Wort mit roten Backen wie „ausposaunen" darf man mal vier Silben verwenden.

Einsilber sind in jedem Fall das Größte. Wir sind aus Einsilbern gemacht: Haut und Haar, Kopf und Fuß. Wir wohnen in Einsilbern: Haus und Herd, Tisch und Bett. Wir sind umgeben von Einsilbern: Feld und Wald, Stall und Kuh. Und das Beeindruckendste: Die großen Gefühle sind mit drei in der Stilistik bekannten Ausnahmen (Hunger, Liebe, Eifersucht) alle einsilbig benannt: Hass, Neid, Geiz, Gier, Wut, Angst, Scham, Schmach, Schuld, Leid, Pein, Qual, Schmerz, Glück, Lust – alles Einsilber. Viersilbige große Gefühle gibt es nicht. ➔

„Wes das Herz voll ist, des geht der Mund über": ein Zweisilber. „Stell dir vor, es ist Krieg und keiner geht hin": ein Zweisilber. Goethes Schluss der Ballade vom Fischer: „Sie sprach zu ihm/ sie sang zu ihm / Da war's um ihn geschehn / Halb zog sie ihn, halb sank er hin / Und ward nicht mehr gesehn." In einer Kette von mehr als 20 Einsilbern, durch zwei Zweisilber unterbrochen: das häufig als melodiösestes Bestandteil der deutschen Sprache beschriebene Gedicht. Faustregel an Pastoren: Ehe Sie in einer Predigt fünf Silben verwenden, machen Sie fünf Liegestütze.

Faustregel an Pastoren: Ehe Sie in einer Predigt fünf Silben verwenden, machen Sie fünf Liegestütze.

Nach Bischof Huber nun Bischof Schneider: „Angesichts der Gott-Vergessenheit (fünf Silben) und des christlichen Traditionsabbruchs (fünf Silben) unserer Zeit brauchen wir eine neue Kreativität (fünf Silben) für das Zur-Sprache-Bringen (fünf Silben) der Befreiung, die uns Menschen im Kommen Christi zuteil wurde. Wir brauchen eine theologische Sprache von Gott, die elementarisiert (sechs Silben), ohne zu simplifizieren (fünf Silben)."

Bei „elementarisieren" habe ich kurz unterbrochen, um das Wort ausdrücklich zu küssen. Da geht leichter ein Kamel durch ein Nadelöhr, als dass Sie mit solchen akademischen Imponiervokabeln die Ohren oder die Herzen von Kirchgängern oder Zeitungslesern erreichen.

Meistens sind die kurzen Wörter ja zugleich die konkreten, die bildhaften, die herzhaften. Wir lieben ja die konkreten Wörter. Darf ich mal einen kurzen Test machen? Ich bitte um spontane Zurufe. Was ist ein Haustier? Hund, Kuh, Schwein, ja. Der Test hat wie in allen meinen Seminaren funktioniert: Kein einziger von Ihnen hat die Frage logisch richtig beantwortet. Gefragt war ja eine Definition. Was ist ein Haustier? Ein Haustier ist ein Tier, welches … Keiner von Ihnen wünschte eine Definition zu geben, sondern jeder hatte den normalen Impuls, den Sie als Generalimpuls ihrer Leser und aller Kirchgänger voraussetzen können: nämlich das Konkrete zu hören und nicht das Abstrakte, und wenn er das Abstrakte hört, Haustier, es sofort in das Konkrete zu übersetzen, überwiegend übrigens wieder in Einsilbern. Die Ziege ist zweisilbig, und die Katze auch; aber Schaf, Hund, Pferd, Kuh sind wieder einsilbig. Die konkreten, die saftigen Wörter innerhalb der Einsilbigen zu suchen ist natürlich das Größte.

Die konkreten, die saftigen Wörter innerhalb der Einsilbigen zu suchen ist natürlich das Größte.

„Seht euch vor, vor den falschen Propheten, die in Schafskleidern zu euch kommen. Inwendig aber sind sie reißende Wölfe." Da kommen ein paar Dreisilber vor, aber alles ist prall von Farben und Kraft. Mein schönster Satz aus der ganzen Lutherbibel in seinem gewaltigen Ingrimm heißt: „Die Geißel macht Striemen, aber ein böses Maul zerschmettert das Gebein."

Ratschlag an Pastoren: Jeden Morgen vor einer Predigt beim Rasieren einen Satz von dieser Art sieben Mal halblaut vor sich hinsprechen. Man kann ihn wohl nicht verwenden, aber als Maßstab, um sich dessen zu genieren, was sonst über ihre Lippen käme. Das war ein Blick auf die überwiegend von Pastoren und Bischöfen produzierten Wörter.

Die Sätze sind oft genauso schlimm. Und nun produzieren wir mal den ersten. Die Kunst des Satzbaus. Thomas Kaufmann. Das ist ein Professor für Kirchengeschichte, einer dieser typischen akademischen Theologen. Er teilt mit: „Unter den frühen Epitheta, die auf Luther angewandt worden, dominieren solche, die...." Bei „die" beginnt ein Nebensatz von 63 Wörtern. Das ist schon mal ein bisschen heikel. Das „die" ist aber nun das Subjekt des Nebensatzes, und dieses Subjekt braucht ein Prädikat. Und wo kommt das Prädikat? In der letzten Zeile „sahen". Zwischen „die" und „sahen" 61 Wörter. Das Zehnfache des Zumutbaren. Was das Zumutbare ist, darauf komme ich gleich. Und darin nun noch mit äußerstem Mutwillen eine Parenthese von 45 Wörtern, der Einschub zwischen zwei Gedankenstrichen. Er hätte ja in Zeile drei, schon bei 16 Wörtern angelangt, sich vorstellen können, dass er nun sagt „sahen". Nein, ich habe ja noch einen Einfall, und dieser Einfall ist 45 Wörter lang und die schieb ich nun auch alle vor das Prädikat dieses Satzes. Das ist eine Pirouette des schieren Irrsinns auf dem Hochseil der korrekten Grammatik.

Es ist also einerseits die totale Abwesenheit jedes Verständnisses dafür, dass es unmöglich ist, einen solchen Satz bei einmaliger Lektüre zu erfassen. Aber er spricht ja auch nicht dringend die Einladung aus: Ich bin so schön, lies mich zweimal. Oder es ist zweitens ein gewisser Hochmut.

Was ist das Zumutbare? Wir empfinden die Gegenwart in einem Fenster von zwei bis drei Sekunden. Das ist der Zeitraum, der uns als lebendige Gegenwart erscheint, was wir ohne Mühe mit unserem Kurzzeitgedächtnis überbrücken können. Nur physikalisch gesehen ist die Gegenwart ein Punkt von unendlicher Kleinheit. Psychologisch dauert sie zwei bis drei Sekunden.

Beispiele: Die Lektüre fast aller Gedichtzeilen fast aller Kultursprachen dauert zwei bis drei Sekunden. Die Dichter hatten eben das natürliche Gefühl, dass dies uns eine angenehme Einheit ist. Eine Angenehmheit, auf die verschiedene deutsche und amerikanische Institute dann in den 80er Jahren methodisch gestoßen sind.

Also, dies ist eine Einheit, das kann man den Leuten glauben. Die Frage ist nun: Wie viel kann man lesen oder hören in zwei bis drei Sekunden? Im Durchschnitt sechs Wörter oder etwas genauer gesagt zwölf Silben.

Sechs Wörter – das gilt nun einerseits für den Abstand zwischen Subjekt und Prädikat und andererseits für den Abstand zwischen Verb und Verb.

Die klaren Sätze, die ich lobe – wo man nicht 80 Wörter dazwischen klemmt – müssen aber nicht ihrerseits immer kurze Sätze sein. Die Längenvorgabe heißt: Ein Satz soll nicht mehr als 15 bis 20 Wörter haben. Wenn mein Satz nur 20 Wörter lang sein darf, kann ich freilich nicht mehr 80 Wörter lang auf die zweite Hälfte des Verbums warten. Also insofern ist das schon ein kleiner Fortschritt. Aber dass Sätze mit 30 Wörtern schlecht sein müssten, ist völlig falsch. Und dass Sätze von zehn Wörtern gut sein müssen, ist auch falsch.

Also Satzlänge macht es nicht allein. Der Satz sei schlank und transparent und vorwärtsstrebend. Dann darf er auch lang sein. Hauptsätze sind innerhalb der transparenten Sätze immer die erste Wahl; sie werden oft unterschätzt. Jede Handlung und jede Hauptsache muss in einem Hauptsatz stehen.

Der Satz sei schlank und transparent und vorwärtsstrebend. Dann darf er auch lang sein.

Sie wissen sicher, wann der Gott des Alten Testaments den Nebensatz erschaffen hat. Am Abend des ersten Schöpfungstages. Nachdem er in vier Hauptsätzen zunächst mal den ersten Teil der Welt erschaffen hat. Und am Abend des ersten Schöpfungstages erfand er den Nebensatz und der lautet: „Und Gott sah, dass das Licht gut war."

Das ist keine Marotte von mir. Das ist kein Witzchen, sondern das ist genau die Psychologie des Nebensatzes. Die Erschaffung der Welt findet natürlich in Hauptsätzen statt. Nun hört das Handeln auf, nun sieht Gott sich nur noch um und nun hat der Nebensatz seinen Platz. Und der Nebensatz ist natürlich kurz. Die angehängten Nebensätze in der Bergpredigt sind maximal acht Wörter lang. „Dass es gut war", sind nur vier. Angehängte kurze Nebensätze, wenn sie keine Hauptsache und keine Handlung mitzuteilen haben, sind etwas Schönes.

Aber die reinen Hauptsätze können auch in der Reihung großartig sein. Viele ganz große Sätze deutscher Sprache – kirchliche und nichtkirchliche – sind in schieren Hauptsätzen geprägt. Ich finde großartig den unglaublich schlichten Satz:

„Der Herr ist mein Hirte, mir wird nichts mangeln." Im akademischen Deutsch: „Im Vertrauen auf die fürsorgliche Allgegenwart des Herrn, darf ich mir meiner Zukunft stets sicher sein."

„Stell dir vor, es ist Krieg und keiner geht hin." Ein gewaltiger Hauptsatz. Der Anfang von Rousseaus Gesellschaftsvertrag: „Der Mensch ist frei geboren, und liegt doch überall in Ketten." Die rhythmische Passage bei Goethe: „Der König sprach's, der Page lief / Der Knabe kam, der König rief: / Lasst mir herein den Alten." Großartig, vier lapidare Hauptsätze hintereinander.

Mit diesen beiden Generalregeln haben Sie drei Viertel aller Probleme der Verstehbarkeit und der Kunst, mit Worten zu wirken, gelöst. Dazu würden nun zwei klassische Stilregeln des Arthur Schopenhauer kommen. „Die erste Regel des guten Stils ist, dass man etwas zu sagen habe – oh, damit kommt man weit!" Ob Sie nun etwas zu sagen haben oder ihre Auftraggeber, darüber habe ich kein Urteil. Aber für uns alle und für mein Thema gilt die andere königliche Stilregel von Schopenhauer: „Man brauche gewöhnliche Worte und sage ungewöhnliche Dinge." – „Der Herr ist mein Hirte, mir wird nichts mangeln." „Stell dir vor, es ist Krieg und keiner geht hin." Unglaubliche Aussagen mit den allersimpelsten Wörtern, die überhaupt zur Verfügung stehen.

„Man brauche gewöhnliche Worte und sage ungewöhnliche Dinge."

Die „Apostolizität" aber und die „kybernetisch-missionarische Kompetenz" – das sind Wörter, um es zum Schluss mit einer bayerischen Redensart, lutherdeutsch zu sagen, das sind Wörter, vor denen einer Sau graust.

Wolf Schneider ist ein deutscher Journalist, Sachbuchautor und Sprachkritiker. Er war Korrespondent der *Süddeutschen Zeitung* in Washington, Verlagsleiter des *Stern*, Chefredakteur der *Welt*, Moderator der NDR-Talkshow und 16 Jahre lang Leiter der *Henri-Nannen-Schule*, danach 18 Jahre lang Lehrer an fünf Journalisten-Schulen. Er hat 27 Sachbücher geschrieben. Medienpreis für Sprachkultur der „Gesellschaft für deutsche Sprache" (1994), Honorarprofessor der Universität Salzburg (2007), Henri-Nannen-Preis für das publizistische Lebenswerk (2011), Preis des MediumMagazins für das journalistische Lebenswerk (2013).

Sprache und Identitäten in interkulturellen Kommunikationssituationen

Sina Dietl

„Gelungene Kommunikation ist Glückssache."

Paul Watzlawik

Sprache ist Identität. Beides ist untrennbar miteinander verbunden. Begegnen wir einer fremden Person, setzen wir anhand ihrer Sprache Kategorien für sie fest: ihre nationale und soziale Zugehörigkeit, möglicherweise ihren Bildungsstand, dominierende Aspekte ihrer Persönlichkeit. Daraus resultierend verfügen wir über eine grobe Vorstellung ihrer Lebensumstände und ihrer Vergangenheit. Ob diese Kategorisierungen stimmen und wie moralisch so eine schnelle Meinungsbildung ist, sei für den Moment dahingestellt. Unwichtig sind die Kategorisierungen nämlich nicht. Sie geben uns eine Idee von der zu erwartenden Kommunikation und erleichtern sie damit. Genauso wie der Hörer sein Bild des anderen durch dessen sprachliche Eigenschaften kreiert, kreiert der Hörer sein Eigenbild, das er nach außen tragen will. Mit der Wortwahl, der Prosodie (Tempo, Rhythmus, Intonation etc.) und der Grammatik drückt er sein ganz individuelles Verständnis von sich aus: die Zugehörigkeit zu einer sozialen Gruppe (z.B. einer Altersklasse, eines Berufsstandes), das Verschleiern oder Betonen der regionalen Herkunft (Overt und Covert Prestige), die Einstellung zum Gesprächspartner (Wahl des Registers: Vertrautheit durch Umgangssprache, Distanz durch förmliches Reden etc.).

Sprache ist Kultur. Sie transportiert die Vergangenheit und die Weltsicht eines Volkes. Unterschiede im Wortschatz oder in der Grammatik treffen Aussagen über die Lebensumstände der Menschen. So nutzen z.B. Sprecher der Maya-Sprache Tzeltal im bergigen Bundesstaat Chiapas in Mexiko keine egozentrischen Richtungsanweisungen (links, rechts, vor, hinter), die als Ausgangspunkt den eigenen Körper haben, sondern geozentrische, die sich unabhängig von der eigenen Position an Himmelsrichtungen orientieren. Diese Angaben haben sich als praktikabler erwiesen in einer Umgebung, die von karger Bebauung und weiten bergigen Flächen geprägt ist. Oder Yélî Dnye, die in Papua-Neuguinea gesprochen wird, die keine Wörter für Farben kennt und diese in Metaphern ausdrückt, was insofern bemerkenswert ist, als die meisten Sprachen der Welt zumindest Wörter für die Farben schwarz, weiß, rot und kalte und warme Farben haben. Einige Studien legen nahe, dass die Adaption eines neuen Systems, wie z.B. der Richtungsangaben, die Sprecher vor große Schwierigkei-

ten stellt, da es auf eine grundsätzlich andere Weltsicht aufbaut. Weiterführend kann man sich an dieser Stelle mit der Frage der gegenseitigen Beeinflussung von Sprache und Weltwissen beschäftigen.

In jedem Gespräch werden neben der sprachlichen Botschaft immer auch Informationen zum eigenen Weltbild ausgetauscht. Vor allem in der interkulturellen Kommunikation werden die Unterschiede in den Sprechakten, die durch „kulturell geprägte Sprech- und Handlungskonventionen bestimmt" sind, deutlich. (Lüsebrink, 52) Diese Situationen stellen hohe Anforderungen an die Gesprächspartner und erfordern ein hohes Maß an Offenheit und Einfühlungsvermögen. Zur Vereinfachung eines solchen Gesprächs neigen die Interaktionspartner dazu, dem Gegenüber stereotype Eigenschaften zuzuschreiben. Die geringere Bedeutung von Mimik und Gestik beim Sprechen in Deutschland im Vergleich zu Ländern wie Italien oder Frankreich könnte so z.B. als Distanz und Desinteresse interpretiert werden, da Stereotype vor dem Hintergrund der eigenen kulturellen Prägung entstehen. Das kann befremdlich wirken und im schlimmsten Fall Ablehnung hervorrufen.

Solche Fremdbilder nehmen einen großen Teil der interkulturellen Kommunikation ein. Sie kontrastieren mit der Selbstsicht, verdeutlichen die Unterschiede zwischen den Gesprächspartnern und schwanken in individueller Ausprägung zwischen den Polen der Ablehnung und der Bewunderung. In welche Richtung die Bewertung ausschlägt, hängt in großem Maße von der gemeinsamen Geschichte, Kriegen, Kooperationen und Machtgefügen ab. Aus einer Vielzahl von Eindrücken, passiv durch Bilder in Medien, Nachrichten, Erzählungen, Anekdoten vermittelt oder aktiv durch landeskundliche Kenntnisse und Kontakt mit Menschen und Land erworben, entstehen Stereotype einer Kultur. Diese sind nicht ausschließlich negativ zu bewerten, sie haben durchaus ihre Funktion: Generalisierungen helfen bei der Einordnung von Informationen, die Abgrenzung zu anderen führt zur eigenen Identitätsfindung und schafft soziale Strukturen, die der Orientierung im alltäglichen Zusammenleben dient. (Lüsenbrink, 103 f.) Problematisch sind Stereotypen dann, wenn mit ihnen hauptsächlich Feindbilder bedient werden und

das Eigene als bedroht angesehen wird, das verteidigt werden muss. Feindbilder durchsetzen die Sprache oft auf eine recht subtile Weise. Sie können abgeschwächt werden, z. B. durch eine Einschränkung der Aussage auf persönliche Empfindungen: „Ich habe den Eindruck, dass Franzosen Dinge oft nicht präzise sagen." Es muss auch gar nicht direkt angesprochen werden, sondern wird mit Hilfe des Kontexts vermittelt: „Er ist Jude, aber er ist sehr nett." (Lüsebrink, ebd.)

Um interkulturelle Kommunikation gelingen zu lassen, sollte man sich nicht auf die automatischen Einordnungsprozesse verlassen. Gemessen wird das Verhalten des Gegenübers immer am eigenen Erfahrungshorizont, so dass eine Kenntnis der fremden Kultur hilfreich ist. Hat man hingegen lediglich ein abstraktes, allgemeines Bild einer Kultur im Kopf, erweist sich das eher als kommunikationshemmend.

Interkulturelle Interaktionssituationen können in drei Schritten gemeistert werden: In den Phasen des Bewusstwerdens, des Wissens und der Anwendung der Fertigkeiten. Zuerst sollte man sich bewusst machen, dass unser Gegenüber in einer anderen Umgebung aufgewachsen ist und damit andere Prägungen und sprachliche Codes erfahren hat. Mit diesem Wissen sollte man im nächsten Schritt etwas über die Kultur und ihre Symbole lernen. Kennt man diese, kann man im letzten Schritt versuchen, die Symbole der anderen Kultur anzuwenden. (www.qz-online.de)

Literatur

Lüsebrink, Hans-Jürgen: Interkurlturelle Kommunikation. Interaktion, Fremdwahrnehmung, Kulturtransfer, 4. Auflage, Stuttgart 2016.

http://www.dw.com/de/sprache-ist-identit%C3%A4t/a-3137816 (abgerufen am: 26.11.2017).

https://www.ncbi.nlm.nih.gov/pmc/articles/PMC3095761/ (abgerufen am: 20.11.2017).

https://www.qz-online.de/qualitaets-management/qm-basics/soft_skills/soziale_kompetenz/artikel/interkulturelle-kommunikation-271960.html (abgerufen am: 27.11.2017).

http://nautil.us/blog/5-languages-that-could-change-the-way-you-see-the-world (abgerufen am: 26.11.2017).

Sina Dietl hat Sprachwissenschaft studiert und ist Redaktionsassistentin der Praxis Gemeindepädagogik.

Wenn Reden
ein *Geschenk* ist

Felix Ritter

Mit Begeisterung anstecken

Du bist der Grund, warum ich spreche. Ich schau dir in die Augen. Ich spreche immer nur zu einer Person. Wenn ich versuche, zu mehr als zu einer Person zu sprechen, dann wirkt das unpersönlich. *Einen* Gedanken teile ich mit dir. Den nächsten teile ich mit jemand anderem.

In meinen Trainings sage ich oft: *Flirte mit deiner Gemeinde*. Flirten heißt, dass du für mich interessant bist. So im Gottesdienst zu flirten, kann glücklich machen, weil Menschen extrem gerne angeschaut werden. Und nach einer gewissen Zeit flirten sie zurück. Das ist ein Reflex. Jetzt können wir leicht zu Brüdern und Schwestern werden und feiern …
Als Theaterregisseur und Dramaturg habe ich vor Jahren angefangen, Pfarrerinnen, Pfarrern und anderen Sprecherinnen und Sprechern zu helfen, dass sie im Gottesdienst überzeugender auftreten. Ich will ihnen glauben, was sie sagen.

Viele Redner versuchen etwas zu sagen, was ihr Publikum hören will. Dabei kennen sie mich doch gar nicht … Wie wollen sie wissen, was ich hören will? In der Kirche versuchen viele, es allen recht zu machen. Man riskiert dabei, niemanden zu erreichen. Wenn Redner darüber sprechen, was sie persönlich interessiert, begeistert und bewegt, ist die Chance groß, dass sie uns erreichen und mit ihrer Begeisterung anstecken. Ich spreche von mir für andere. Wenn ich mit Worten weiterhelfen will, dann spreche ich also über das, was mir gut tut. Das holländische Wort für Aufmerksamkeit ist *Aandacht*. Wenn wir Andachten feiern, sind wir eingeladen, aufmerksam zu sein. Wir geben Gott, der Bibel und den Menschen einen Raum. Wir erfahren einander und tanken Kraft. Das gelingt am besten, wenn die Andachten so gestaltet werden, dass sie auch den Liturgen guttun.

Schwere Texte

Eine Bremer Pfarrerin hat mir mal erzählt, dass sie den Fehler gemacht hat, eine Predigt mit dem Satz zu beginnen:

Liebe Gemeinde, uns begegnet heute ein schwieriger Predigttext.

Dieser Anfang ist einerseits demotivierend, weil er meine Aufmerksamkeit auf Probleme lenkt, die außerhalb meiner Lebenssituation liegen. Es ist aber auch eitel, so zu beginnen, weil ich erst Probleme aufzeige, die ich dann dank meines beachtlichen theologischen Wissens lösen kann.

Der Pfarrerin war das alles bewusst. Sie hatte den Satz nur versehentlich gebraucht, weil sie tatsächlich eine schwierige persönliche Beziehung zu dem Text hatte. Darüber wollte sie auch reden, aber dazu kam es dann nicht.

Der Gottesdienst ereignete sich in einer Gemeinde, in der auch viele Menschen mit Behinderung kommen, die oft spontan und ehrlich sind. Auf jeden Fall begann sie mit dem besagten Satz:

Liebe Gemeinde, uns begegnet heute ein schwieriger Predigttext.

Und eine Frau fragte laut: *Warum nimmst du nicht einen anderen?*

Die Pfarrerin versuchte weiterzureden und wurde wieder unterbrochen:

Nee, das verstehe ich nicht, warum nimmst du nicht einen anderen Text? Es gibt doch so viele Texte ...

Die Pfarrerin probierte weiter zu predigen, wurde aber ständig unterbrochen und gab schließlich auf. Sie bedankte sich bei der Frau und versprach nächste Woche mit einem Text zu kommen, der weiterhilft. Die Pfarrerin ist dem mündigen Gemeindemitglied noch heute dankbar. Sie wurde so wieder daran erinnert, *warum* gepredigt wird.

In meiner Arbeit für die Kirche habe ich oft das Gefühl, dass die Texte überhaupt nichts mit den Sprechern zu tun haben. Ein Schlüsselerlebnis war, als ich für einen ZDF-Fersehgottesdienst ein Training gab.

Wir hatten gerade an einer spannenden Predigt gearbeitet und hatten noch Zeit für die Gebete übrig. Ein Gebet war wie ein Dialog mit Gott geschrieben. Der vorher lebendige Prediger wurde ganz steif und jedesmal, wenn das Wort Gott vorkam, hatte ich das Gefühl, dass ein Betonklotz vom Himmel fiel.

Ich schlug dann vor, dass Wort Gott *zärtlicher* zu sprechen. Es wurde nicht besser und dann meinte ich verschmitzt:

Sag es doch mal so, als ob du Gott mögen würdest ...

Das hilft sonst immer, aber hier Fehlanzeige.

Ich gab auf und meinte: *Also ich finde, das klingt so, als ob du nie so beten würdest.*

Der Pfarrer meinte genervt: *Ich bete auch nie so, Felix. Ich mach das nur, weil die Gemeinde das so hören will ...Pause. Ich bete mehr zu einer ab-* →

strakten Kraft und nicht zu so einem menschlichen Gott-Du.

Wenn du nicht glaubst, was du betest, klingt das wie schlechtes Theater. Wir haben dann das Wort Gott aus dem Gebet gestrichen und es hat wunderbar geklungen, weil der Text zum Sprecher gepasst hat. Öffentlich zu beten ist für viele Liturgen nicht einfach. Wenn man will, dass ein Gebet gut funktioniert, muss man es einfach beten. Das gelingt nicht immer, aber wenn ich das probiere, klingt es echt. Ein befreundeter Pfarrer hat mir mal erzählt, dass er zum ersten Mal öffentlich gebetet hat, nachdem er fünf Jahre ordiniert war.

Wieder den heiligen Ernst

In Schulen und Universitäten wurde mir vermittelt, dass wenn ich eine Information sachlich und ein bisschen distanziert oder kontrolliert vortrage, dass ich dann besser überzeugen und informieren kann. Ich wirke objektiv.

Wenn ich Informationen sachlich vortrage, mein Publikum am Sonntagmorgen gut gefrühstückt hat, ausgeschlafen ist und grundsätzlich Lust hat, mir zuzuhören, dann können sie sich bis zu 25% meiner Information merken. Das ist ja schon mal was.

Wenn ich dieselbe Information emotional vortrage, habe ich eine gute Chance, dass mein Publikum sich 45% der Information merken kann. Wenn ich sie dabei noch zum Lachen bringe, kann es noch mehr werden. Emotionen und Humor machen meine Rede also nicht nur schöner und sympathischer, sondern auch effizienter und nachhaltiger. Ich finde das eine wunderbare Nachricht. Ich muss meine Emotionen also nicht unterdrücken. Sie verstärken meine Botschaft.

Ich muss aber keine Emotionen vorgaukeln, die ich nicht habe. Es gibt da diesen schönen Witz: Kommt der Pfarrer nach Hause, sagt seine Ehefrau: *„Ach Liebling, du musst nicht mehr lächeln, es ist sonst keiner da."*

Wenn ich darüber rede, was mich bewegt oder begeistert, kommen die Emotionen von selbst und stecken auch an.

Übung

Manchmal hilft es, seine Wortwahl zu verändern, um in die richtige Stimmung zu kommen. Ich biete Ihnen hierfür eine kleine Übung an. Sprechen sie einmal laut den Satz:

Das ist eine wichtige Information.
Denken Sie an Wichtiges und sagen Sie den Satz noch einmal.

Jetzt sprechen Sie ein bisschen leiser den folgenden Satz:

Das ist eine spannende Information.
Dieser Satz macht nicht nur die Hörer neugierig, sondern auch die Sprecher, oder? Ich will wissen, wie es weitergeht, wenn ich es *spannend* sage.

Jetzt sprechen Sie mal den folgenden Satz genauso spannend:

Wir feiern diesen Gottesdienst ...
Man kann diesen Satz spannend sprechen, und er verspricht einen aufregenden, narrativen Gottesdienst. Ich kann ihn freudig sprechen und lade zu einem Fest ein. Ich kann ihn ruhig geerdet sprechen und öffne einen Raum für Spiritualität. Ich kann ihn auch betont ernst sprechen, dann klingt er wie eine Lüge.

Für viele Menschen ist es nicht nachvollziehbar, dass Feiern keinen Spaß macht. Durch Ernst entsteht keine Würde, sondern Steifheit. In den ersten 30 Sekunden entscheidet ein Publikum, ob es Lust hat mir zuzuhören. Ich weiß nicht, was meinem Publikum heute Lust macht. Wenn ich mir Lust mache und als Liturg die Andacht *mitfeiere*, dann ist das sehr einladend. Wir begegnen Gott gemeinsam.

Mein Bruder Sebastian Ritter ist Pfarrer in Speckenbüttel in Bremerhaven. Ostersonntag war einmal am 1. April. So ging er nach dem ersten Lied vor den Altar, sprach das Votum und begrüßte dann die Gemeinde mit folgenden Worten:

Liebe Gemeinde, das ist jetzt schon der siebte Gottesdienst, den ich diese Woche halte. Einige von Ihnen und Euch waren auch schon ein paar mal dabei. Ich finde es jetzt mal genug. Erheben sie sich bitte zum Segen.

Die Gemeinde erhebt sich.
Und mein Bruder sagt:
April-April!

Alle konnten herzlich lachen, und das Lachen brach im Gottesdienst immer wieder aus. Als ich fünf Jahre später in die Gemeinde zum Ostergottesdienst kam, lachten sie immer noch, als sie mir von diesem Gottesdienst erzählten. Sie verbinden mit dieser Geschichte Ostern. Osterlachen - Ein wahrer Grund zur Freude. 2018 ist Ostern wieder am 1. April ...

Felix Ritter ist diplomierter Theaterwissenschaftler, Dramaturg, Coach, Trainer der ZDF-Fernsehgottesdienste und Dozent an den Predigerseminaren Heidelberg, Wittenberg, und Loccum und lebt in Amsterdam.

Aus gutem Grund

Kirche mit Kindern

gt2018.de

kraemerteam.de

Gesamttagung für
Kindergottesdienst in der
Evangelischen Kirche in Deutschland

Stuttgart 10. - 13. Mai 2018

ERLEBEN SIE STARKE GEMEINSCHAFT UND VERTIEFEN SIE CHRISTLICHE WERTE AUF GEMEINDEREISEN

Die Notwendigkeit zum Gemeindeaufbau und -ausbau besteht in jeder Gemeinde. Unsere ökumenischen Reisen sollen Sie und Ihre Gemeinde unterstützen, diese zu fördern und den Glauben zu stärken. Gemeindebedürfnisse können dadurch aktiv angesprochen werden. Auch die Evangelien kommender Sonntage, Festivitäten, ausgewählte Bibelthemen, gemeindeorientierte Bildung oder Interessen der Gemeindemitglieder werden hautnah erlebbar. Insbesondere zum Jahresanfang, wenn die Gemeinde von der besinnlichen Zeit, neuen Hoffnungen und guten Vorsätzen geprägt ist, bietet sich eine Stärkung der Gemeinschaft durch die Planung und Umsetzung gemeinsamer Unternehmungen an.

Im Ausland stehen bei ReiseMission die Kultur, Religion und gesellschaftspolitische Entwicklung des Gastlandes im Vordergrund. Hierzu fördern wir Begegnungen und den persönlichen Austausch mit örtlichen Gemeinden, Persönlichkeiten und Organisationen. Unser Motto ist: „Begegnen, beteiligen, bilden, reisen."

Dieses Motto kommt vor allem Menschen über 50 Jahren zugute. Sie sind in besonderer Weise bereit, mit anderen zu verreisen, Zeit zu verbringen und neue Kontakte zu knüpfen. Diese Zielgruppe interessiert sich für Pilger- und Bildungsreisen sowie Spiritualität im Alter. Gemeindereisen bieten aber bereits mit Beginn der Planung auch einen Raum, um jüngere Gemeindemitglieder in das Kirchenleben einzubeziehen und somit den generationsübergreifenden Glaubens- und Erfahrungsaustausch zu intensivieren.

Wir laden Sie ein, hierzu unser vielfältiges Angebot an Studien-, Bildungs-, Pilger- und Begegnungsreisen zu nutzen. Ob Kurzreisen in Deutschland oder mehrtägige Europa- und Fernreisen, wir passen Ihre Gruppenreise individuell an Ihre Gemeindethemen und Bedürfnisse an. Unser kompetentes Team berät Sie gern.

Über ReiseMission: Reisen ist unsere Mission!
Als Partner der ökumenischen Gemeinschaft setzen wir seit 1999 Gruppenreisen für Kirchen, kirchennahe Organisationen, Bildungseinrichtungen und Pfarrkonvente mit Kompetenz und Leidenschaft um. Der Pfarrer i. R. und Gründer der ReiseMission Günter Grünewald lässt seine Erfahrungen aus der langjährigen Gemeindearbeit in die Reisekonzeption einfließen.

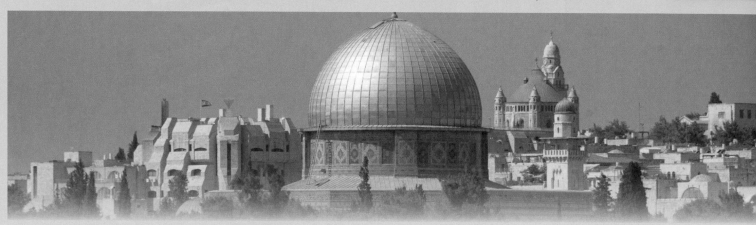

HIER IST IHRE STUDIEN-, PILGER-, CHOR- UND BEGEGNUNGSREISE

Lassen Sie sich durch diese kleine Auswahl kompletter Studien- und Pilgerreisen für die Gemeinde, Jung-Senioren, Bildungsarbeit oder Ihren Chor inspirieren. Erleben Sie mit uns Stätten der Christenheit, geschichtsträchtige Orte und kulturelles Reichtum in Deutschland, Europa und der Welt. Verweilen Sie gemeinsam an biblischen Orten im Heiligen Land.

Dauer	Land - Thema der Reise	Ab-Preis
7 Tage	ALBANIEN - Die antiken und christlichen Stätten	€ 775
7 Tage	ARMENIEN - Klöster und Natur am Kaukasus	€ 960
11 Tage	ÄTHIOPIEN - Faszinierende Kultur des Christentums	€ 1.960
8 Tage	BALTIKUM - Lettland, Litauen und Estland erleben	€ 1.080
4 Tage	BELGIEN - Brüssel, Antwerpen, Brügge, Gent	€ 470
6 Tage	BULGARIEN - Burgen, Klöster, Kirchen und Kulturen	€ 690
10 Tage	CHINA - Metropolen und traumhafte Landschaften	€ 1.290
4 Tage	DEUTSCHLAND - Auf den Spuren von Martin Luther	€ 355
5 Tage	DEUTSCHLAND - UNESCO-Stätten Sachsen-Anhalts	€ 480
6 Tage	FRANKREICH - Elsass - die Brücke zu Frankreich	€ 620
8 Tage	FRANKREICH - Die großen Kathedralen im Norden	€ 890
8 Tage	GEORGIEN - Klöster und Kirchen am Kaukasus	€ 1.090

Dauer	Land - Thema der Reise	Ab-Preis
8 Tage	GRIECHENLAND - Auf Spuren des Apostels Paulus	€ 1.095
4 Tage	GROSSBRITANNIEN - London, Kunst und Kultur	€ 460
8 Tage	INDIEN - Nordindien, berühmtes Goldene Dreieck	€ 1.200
8 Tage	IRLAND - Immergrüne Insel der Kirchen und Klöster	€ 985
8 Tage	ISLAND - Die christliche Frühzeit in Island	€ 1.180
8 Tage	ISRAEL-Palästina - Chronologischer Lebensweg Jesu	€ 970
5 Tage	ITALIEN - Antikes, klassisches und christliches Rom	€ 695
8 Tage	ITALIEN-Sizilien - Antikes Zeitalter und Stauferzeit	€ 950
11 Tage	JAPAN - Im Land der aufgehenden Sonne	€ 2.480
8 Tage	MALTA - Auf den Spuren des Apostels Paulus	€ 860
10 Tage	MEXIKO - Kulturstätten der Mayas und Azteken	€ 2.160
6 Tage	NORWEGEN - Welt der Stabkirchen und Fjorde	€ 1.195

Dauer	Land - Thema der Reise	Ab-Preis
6 Tage	ÖSTERREICH - Herrliches Wien und Burgenland	€ 49...
8 Tage	POLEN - Rundreise durch Schlesien	€ 67...
7 Tage	PORTUGAL-SPANIEN - Zu den Jakobswegstationen	€ 96...
8 Tage	RUMÄNIEN - Moldau und Siebenbürgen	€ 72...
6 Tage	RUSSLAND - St. Petersburg, Venedig des Nordens	€ 79...
8 Tage	SCHOTTLAND - Edinburgh, Isle of Skye und Iona	€ 1.22...
5 Tage	SCHWEDEN - Schlösser und Herrenhäuser	€ 66...
8 Tage	SERBIEN - Kultur und religiöses Leben des Balkan	€ 68...
8 Tage	SPANIEN - Andalusien, maurisch-christl. Kulturerbe	€ 1.10...
12 Tage	SÜDAFRIKA - Entdeckung entlang der Gartenroute	€ 1.23...
10 Tage	USBEKISTAN - Zauberhafte Orte der Seidenstraße	€ 1.34...
8 Tage	ZYPERN - Orte der Antike und des Christentums	€ 94...

IHRE VORTEILE BEI ReiseMission:

- Individuelle Beratung und flexible Reisegestaltung
- Buchungen von Flug, Bus, Schiff, Hotel und Zusatzleistungen
- Pilgerreisen angepasst an Bedürfnisse von Wanderern und Nicht-Wanderern
- Deutschsprachige fachkundige Führungen
- Organisation von Begegnungen mit ortsansässigen Gemeinden, Organisationen und Persönlichkeiten
- Gottesdienst- und Andachtsmöglichkeiten vor Ort
- Informations- und Kartenmaterial
- Unterstützung bei Marketing-Maßnahmen

INFORMATIONSREISEN

Gruppenverantwortliche, PfarrerInnen, Kursleiter, Begleitpersonen und haupt- u. ehrenamtliche Mitarbeiter laden wir herzlich ein, mit uns das Zielland einer Gruppenreise vorab zu erkunden. Wir begleiten und beraten Sie persönlich vor Ort.

6 Tage **ARMENIEN**	05.11. - 10.11.2018 € 635	5 Tage **ITALIEN** Sizilien	11.03. - 15.03.2019 € 49...
5 Tage **BALTIKUM**	22.10. - 26.10.2018 € 685	7 Tage **JAPAN**	06.11. - 12.11.2018 € 1.49...
7 Tage **CHINA** Peking & Shanghai	18.02. - 24.02.2019 € 895	5 Tage **MALTA** und Gozo	05.11. - 09.11.2018 € 39...
6 Tage **GEORGIEN**	15.10. - 20.10.2018 € 620	5 Tage **PORTUGAL**	05.11. - 09.11.2018 € 57...
5 Tage **GRIECHENLAND**	22.10. - 26.10.2018 € 575	5 Tage **RUMÄNIEN**	05.11. - 09.11.2018 € 52...
7 Tage **INDIEN** Norden o. Süden	24.09. - 30.09.2018 € 890	5 Tage **RUSSLAND**	22.10. - 26.10.2018 € 59...
6 Tage **IRAN**	14.01. - 19.01.2019 € 1.095	5 Tage **SPANIEN** Jakobsweg	25.03. - 29.03.2019 € 58...
5 Tage **IRLAND**	05.11. - 09.11.2018 € 495	9 Tage **SÜDAFRIKA**	02.06. - 10.06.2019 € 1.39...
6 Tage **ISRAEL-Palästina**	14.01. - 19.01.2019 € 595	6 Tage **USBEKISTAN**	30.04. - 05.05.2018 € 79...
5 Tage **ITALIEN** Rom und Neapel	12.11. - 16.11.2018 € 495	5 Tage **ZYPERN**	12.11. - 16.11.2018 € 49...

Nehmen Sie Kontakt mit uns auf. Wir beraten Sie gern und gestalten Ihre individuelle Gruppenreise in über 70 Ländern weltweit, darunter in: Argentinien - Armenien - Äthiopien - Baltikum - Belgien - Brasilien - China - Dänemark - Deutschland - Finnland - Frankreich - Georgien - Griechenland - Großbritannien - Indien - Iran - Irland - Island - Israel - Italien - Japan - Jordanien - Kroatien - Malta - Mexiko - Montenegro - Namibia - Niederlande - Norwegen - Österreich - Palästina - Polen - Portugal - Rumänien - Russland - Schweden - Schweiz - Spanien - Südafrika - Tschechen - USA - Zypern

ReiseMission - ökumenisch und weltweit • Pilgerreisen • Studienreisen • Gemeindereisen • Begegnungsreisen • Chor- und Konzertreisen
Jacobstraße 8-10, 04105 Leipzig • Tel.: 0341 308 541-0, Fax: 0341 308 541-29 • info@reisemission-leipzig.de, www.reisemission-leipzig.de

Du sollst ein *Gestus* sein

Christine Zarft

„Ein Mensch, der einen Fisch verkauft, zeigt [...] den Verkaufsgestus. [...] Ein Mensch, seinen Gott anrufend, wird [...] erst ein Gestus, wenn dies im Hinblick auf andere geschieht."

Gestus ist eine Wortschöpfung von Bertolt Brecht und abgeleitet von Geste, lat. gerere – zur Schau tragen/sich benehmen.

Ein Gebet allein am Küchentisch ist eine private Notwendigkeit und folgt ausschließlich dem eigenen Bedürfnis und eigenen Rhythmus. Sitzen weitere Personen mit an diesem Tisch und sind nicht nur Zeuge des Gebetes, sondern auch Teil des Ereignisses, braucht das Gebet eine Haltung und Konzentration, einen klaren Beginn und Abschluss, eine Sprache, die meint, was sie sagt, und sagt, was sie meint. Eine Bewusstheit, die sich ausrichtet auf den Raum, die Menschen, das Jetzt und verbindet mit dem Gott, der Leben spendet. Das ist Gestus, das ist liturgische Kompetenz und das ermöglicht ein kollektives Erleben. Liturgische Kompetenz hat die Fähigkeit, jeden Raum zu verändern und für Anwesende eine Wahrnehmungsqualität zu schaffen, in der Erhabenheit, Bedeutsamkeit, ein Erschaudern und Verbundensein möglich wird und die über das Eigene, Machbare und Vergebliche hinausweist.

Ja, natürlich gibt es Räume, da ist es scheinbar leichter. In sakralen Gebäuden, unter einer romanischen Kuppel ist der Draht zum Göttlichen vielleicht kürzer. Stellt sich Erhabenheit möglicherweise sogar trotz Stolpern, Stottern und Radebrechen ein. Doch letztlich hängt es nicht am Raum. Ein Segen auf dem Bahnsteig, dem Schulhof, am Krankenbett benötigt dasselbe Handwerkszeug, dieselbe innere Verfasstheit und Ausrichtung. Um die liturgischer Kompetenz sowohl als internalisierte Haltung wie als verlässliches Werkzeug zu entwickeln, sind drei umfassende Schritte erforderlich:

1) Was ist das Thema/der Anlass? Wen betrifft es? Wo findet es statt?
2) Was braucht es, um dieses Thema für diese Zielgruppe an diesem Ort zu realisieren?
3) Was brauche ich dafür persönlich an Zeit, Unterstützung, Verfasstheit und Haltung, um dem gerecht zu werden?

Ich setze eine sorgfältige Vorbereitung auf das Thema und das Beleuchten der Potentiale und Ressourcen in Hinblick auf die Zielgruppe voraus und nehme hier den dritten Punkt vertiefend in den Blick: Um vital und geklärt in eine Situation zu gehen, in der etwas Bedeutsames, möglicherweise sogar etwas Heiliges geschehen kann, bedarf es einer dezidierten Wahrnehmung der eigenen körperlichen, seelischen und geistigen Verfasstheit und Bedürftigkeit. Körperlich meint hier auch, eine liebevolle und sorgfältige Pflege, Bekleidung! und Fitness. Hier geht es um das eigene Rollenverständnis. Es ist die Wegmarke zur Transformation und die Basis gelingender Liturgie. Es geht nie um ein „so tun als ob". Es gilt, die eigenen privaten Kümmernisse und Vergeblichkeiten im Vorfeld wahrzunehmen und sorgfältig zu Hause zu parken. In der Regel sind sie treu und warten geduldig. Es geht um Bewusstheit, welcher Anteil meiner Person wann vorn sichtbar ist und welcher dahinter zurücktritt. Um „zu bekennen, was ist", braucht es einen geschulten Umgang mit der persönlichen Rollenvielfalt.

Für einen guten, belastbaren Stand sind die Füße parallel ausgerichtet und beckenbreit aufgestellt. Im Sternum, dem Brustbein, ist der zentrale Ort unserer Präsenz. Hier ist das große JA nach innen und nach außen verortet. Dies ist das Hauptwerkzeug, sowohl im Sitzen als auch im Stehen. Von hier aus verbinde ich mich mit dem Raum und den Anwesenden mit Hilfe von drei imaginierten Achsen. Damit lade ich ➜

mir die Reichweite meiner Präsenz zu diesen Zuhörenden und diesem spezifischen Raum in mein System. Dann verbinde ich mich über die gedachte Verlängerung der Wirbelsäule mit dem Göttlichen, der gedachten Kuppel, dem Übergeordneten. Ich bleibe mit meinem Blick und meiner Sprache auf Augenhöhe. Somit bin ich mit meinen Zuhörenden verbunden und in Lautstärke, Sprechgeschwindigkeit und der Sprache weitestgehend angemessen. Die Verbindung von Sternum – Gemeinde – Raum ermöglicht eine grundlegend bejahende innere Haltung und ein Halten der Präsenz.

Gesten werden häufig als verbale Information wahrgenommen. Sie erleichtern sowohl die Sprechproduktion als auch das Hörverständnis. Persönliche Gesten im Gespräch sind oftmals zeitgleich zum gesprochenen Wort ausgeführt, nah am Körper und asynchron. Liturgische Gesten sind künstliche Gesten. Sie brauchen eine Geläufigkeit, dass sie zu uns und dem Ereignis passen, aber sie sind künstlich. Bis auf wenige Ausnahmen finden sie vor dem gesprochenen Wort statt. Sie sind weitestgehend in der Körpermitte verortet, in Höhe vom Bauchnabel oder Beckenknochen. Liturgische Gesten sind synchron, langsam und weiter vom Körper entfernt als die persönlichen Gesten im Gespräch. Zwei praktische Beispiele: Votum: Beide Hände parallel geöffnet vom Körper entfernt in Höhe des Beckens, halten, dann: „Im Namen des Vaters, des Sohnes und des Heiligen Geistes" halten, Haltungswechsel, möglicherweise Gebetshaltung, halten, weiter im Text.

Segen: Hier sind die Hände in Höhe des Kopfes, geöffnetes Sternum mit Achsen in den Raum verbunden, die Hände ein My/Mi vor den Schultern, halten, dann: „Gott segne dich und behüte dich. Gott lasse leuchten sein Angesicht über dir und sei dir gnädig. Gott erhebe sein Angesicht auf dich – und jetzt synchron zum Text das Kreuz zeichnen, in den Ausmaßen orientiert am eigenen Körper von der Nase zum Bauchnabel – und gebe dir – und ebenso synchron zu Frieden auf Höhe linke Schulter, rechte Schulter, halten, halten, halten, lösen, halten, Ende.

Das Ritual ist sowohl Herzstück als auch Rahmen kollektiver Religiosität. Die Bedeutung des Wortes entfaltet sich nach dem Wort, die Bedeutsamkeit der Geste entfaltet sich ebenso in dem Moment danach. Ein Amen wird zum Punkt durch den gehaltenen Gestus im Anschluss. Gehe ich mitten im Amen vom Pult, physisch oder mit der Konzentration, hat die Handlung oder der Text keinen Abschluss und verliert seine Bedeutsamkeit. Erst das Halten ermöglicht Orientierung und Sicherheit. Nach meinem Verständnis ist die Liturgie eine dramaturgische Liebeserklärung an die Gemeinde. Es ist die große Ermöglicherin von Gemeinschaft und Heimat.

Sowohl die Sprache als auch die Gesten brauchen Kraft, Größe und Schlichtheit. Die Liturgie wird in Bewusstheit und Konzentration „gesetzt", mit einer Zäsur davor und danach und dann – schlicht, mit großem Selbstverständnis vollzogen. Kein Theaterdonner oder pathetisches Gedöns. Liturgisch Handelnde brauchen eine ganz konkrete Bezogenheit zum und im Heiligen. Es braucht die tiefe Erfahrung des ganz persönlichen Gehalten-Seins, aus welcher Lebensphase auch immer. Vor dem liturgischen Ereignis gilt es mit dieser Erfahrung im Kontakt zu sein. Private Kümmernisse und Vergeblichkeiten treten zurück, es bleibt die vitale Erfahrung als selbstverständliche Ressource im Jetzt. Dann einen guten Stand einnehmen, atmen, vom Sternum aus die Achsen in den Raum imaginieren und – sei ein Gestus. Rufe Gott an mit der Erfahrung, dass es Halt und Gegenüber gibt, und der liturgischen Kompetenz, welche der Sprache und der Geste die Wucht erlaubt. Fulbert Steffensky: „Auch der Segnende lässt sich fallen in einen Gestus und eine Sprache, die größer ist als sein Herz."

Christine Zarft ist Systemischer Management Coach und Trainerin für Liturgische Kompetenz in Greifswald und Berlin.

Abschied von der Einsprachigkeit

Christinnen und Christen unterschiedlicher Sprache und Herkunft verändern die kirchliche Landschaft

Markus Hildebrandt Rambe

Es klingt wie bei der Sendersuche im Radio, die durch die verschiedensten Sprachen rauscht: Wer in der U-Bahn oder im Stadtbus einfach mal mit lauschenden Ohren von vorne nach hinten durchgeht, wird kaum mehr leugnen können, längst in einem multilingualen Land zu leben. Das mindert die zentrale und verbindende Rolle des Deutschen überhaupt nicht. Doch wenn es persönlich, emotional, kompliziert oder vertraulich wird, dann kommt einfach die Vielfalt unserer Muttersprachen zum Vorschein – manchmal ganz eigenwillig vereint mit deutschen Worten oder Satzteilen.

Samira ist vor sechs Jahren aus dem Iran nach Deutschland gekommen, hier ist sie Christin geworden und besucht regelmäßig eine persischsprachige evangelische Gemeinde. „Im Alltag spreche ich überwiegend Deutsch. Aber wenn ich das Wort Gottes höre, zu Gott bete und singe, dann sind es die Klänge meiner Muttersprache, die mich im tiefsten Herzen berühren. Das Gebet fließt dann einfach aus mir heraus. Da muss ich nicht erst überlegen: Ist das jetzt Akkusativ oder Dativ?" Vor allem in städtischen Ballungsräumen gibt es heute eine wachsende Anzahl christlicher Gemeinden, in denen Menschen unterschiedlicher Sprache und Herkunft sind – denn die Mehrheit unter allen Zugewanderten ist nicht etwa muslimisch, sondern christlich. Im evangelischen Spektrum feiern sie ihre Gottesdienste meist unabhängig oder am Rande von landeskirchlichen Strukturen. Manche Gruppen führt eine bestimmte Herkunftskultur und -sprache zusammen, andere sind von vornherein interkulturell, mehrsprachig und meist auch überkonfessionell zusammengesetzt. Bei aller Unterschiedlichkeit sind die Gemeinden Orte, an denen Menschen Halt im Glauben, Beheimatung und Gemeinschaft jenseits alltäglicher Fremdheits- und Marginalisierungserfahrung finden. Niemand wird hier komisch angeschaut, weil das Äußere „anders" oder das Deutsch nicht perfekt ist.

Bleiben die Landeskirchen dagegen monokulturell? Beispiel Evang.-Luth. Kirche in Bayern. 10% der 2,5 Mio. Mitglieder sind selbst im Ausland geboren, noch einmal fast ebenso viele haben familiären „Migrationshintergrund" im weiteren Sinne, aus über 180 Ländern. Für ein Fünftel ist Mehrsprachigkeit also auch hier Teil des Alltags. Doch Seelsorgeange-

bote, Veranstaltungen und Gottesdienste sind noch beharrlich einsprachig – von lateinischen Kyrierufen einmal abgesehen. Dabei müssten wir es eigentlich besser wissen: Waren Bibel, Verkündigung und Gottesdienst in der Muttersprache nicht zentrale Errungenschaften der Reformation? Schon das Pfingstwunder (Apg. 2) lief ja nicht so, dass die Zugewanderten erst mal die Sprache der Einheimischen oder deren Leitkultur zu beherrschen hatten, um willkommen zu sein. Sondern umgekehrt: Der Heilige Geist ließ die Apostel auf einmal multilingual und interkulturell zu ihnen von Gottes großen Taten reden. Es war die Geburtsstunde der Mehrsprachigkeit von Kirche.

Grund genug für Kirche, sich mit ihren Angeboten aus der monolingualen Nische herauszuwagen und zunehmende Mehrsprachigkeit als Reichtum zu begreifen. Ein brasilianischer Kollege sagte: Eine Kirche, die Neuhinzugekommene integrieren möchte, muss sich selbst immer wieder in die Vielfalt ihres gesellschaftlichen Umfeldes integrieren. Für die „Kirche des Wortes" ist Sprache eine zentrale Dimension dabei – und langsam bewegt sich einiges in diese Richtung!

Interkulturell Evangelisch in Bayern
Gemeinsam Evangelisch als Glaubensgeschwister und Gemeinden unterschiedlicher Sprache und Herkunft

ELKB-Projektstelle: Pfarrerin Dr. Aguswati Hildebrandt Rambe & Pfarrer Markus Hildebrandt Rambe
Katharina-von-Bora-Str. 11–13 · D-80333 München · Tel. 089 5595 682 · Handy 0151 6563 1600
Sekretariat: Susanne Odin · Tel. 089 5595 681 · Fax 089 5595 8681 ·
E-Mail: interkulturell@elkb.de
Facebook: www.facebook.com/interkulturellevangelisch

Mission EineWelt · Evang.-Luth. Kirche in Bayern

Markus Hildebrandt Rambe ist Pfarrer der Evang.-Luth. Kirche in Bayern und gemeinsam mit seiner Frau, Pfarrerin Dr. Aguswati Hildebrandt Rambe, für das Projekt „Interkulturell Evangelisch" verantwortlich. Kontakt: interkulturell@elkb.de, www.facebook. de/interkulturellevangelisch.

Philosophieren und Theologisieren

Mit der Jahreslosung ins Gespräch kommen

Frieder Harz

Philosophieren heißt, das anscheinend Selbstverständliche in Frage zu stellen: Warum sind die Dinge so, wie sie sind? Sie könnten doch auch ganz anders sein. Im Philosophieren wird um tragfähige Wörter und Sätze für Antworten auf solche Fragen gerungen. Auch im Theologisieren wird danach gefragt, was das Leben eigentlich ausmacht. Hier geht es akzentuiert um die religiösen Fragen, worin das Leben gegründet, was sein Ursprung und sein Ziel ist, was ihm Halt und Sinn gibt. Bei der Suche nach hilfreichen Antworten greifen wir auf die Sprachschätze der religiösen Überlieferungen zurück. Sie helfen uns, zu eigenen religiösen Überzeugungen, zur Sprache unseres persönlichen Suchens zu finden. Dazu ist das Gespräch mit anderen unentbehrlich, die auch auf der Suche nach der Sprache des je eigenen Glaubens sind. Zu solchen Gesprächen bietet die Jahreslosung für 2018 gute Anregungen. Mit der sprudelnden Quelle verbinden wir alle gute Erinnerungen. Sie führen uns zugleich über die unmittelbaren Erfahrungen des Durstlöschens hinaus und können zum Symbol werden für das, was für das Leben überhaupt gilt. Gott als Geber solcher Gaben kommt in den Blick. Dazu gilt es im Gespräch die eigenen Gedanken, Worte und Sätze zu finden.

Gottesbilder im Wandel

Inwiefern kann das Bild des lebendigen Wassers die eigene Gottesbeziehung, Vorstellungen und Bilder von ihr bereichern? Wo von Gott als dem unsichtbaren Gegenüber die Rede ist, da entstehen innere Bilder, die in sichtbaren Darstellungen und in Sprachbildern Ausdruck finden. Können sie sich weiterentwickeln und verändern? In Gesprächen über die eigenen Gottesbilder und -vorstellungen können sie in Bewegung bleiben. Gottesbilder von Kindern gleichen meist denen vertrauter Bezugspersonen. Aber als Menschenbilder können sie nur sehr bedingt angemessene Bilder von Gott sein. Das treibt weiter zu symbolischen oder auch abstrakteren Gottesbildern. Das Bild von der kostenlos sprudelnden Quelle kann da eine gute Anregung sein, zum eigenen Gottesbild ins Gespräch zu kommen: Inwiefern und wie trifft dieses Bild die eigene Gottesbeziehung und -vorstellung? Welche ergänzenden

Vorstellungen, Bilder und Symbole wären wichtig und hilfreich?

Besonders herausfordernd sind Vorstellungen und Bilder zu Gottes Tätigkeit: Wie spricht Gott? Wie hört Gott? Was tut Gott? Wie ist Gott in seinem Wirken für uns Menschen erfahrbar? Antworten auf solche Fragen können nur persönliche Deutungen und Bewertungen von Ereignissen sein. Die einen sprechen von Gottes Wirken, die anderen vom Zufall. In welchen Menschen ist Gottes Geschenk des lebendigen Wassers in besonderer Weise deutlich geworden? Gibt es solche Personen auch heute? Wo vermissen wir diese Quelle schmerzlich? Im Theologisieren sind Antwortversuche auf solche Fragen immer auch Auslöser zu neuen. Dabei zeigt sich, dass die immer wieder neu das Gespräch anstoßenden Fragen meist wichtiger sind als die Antworten. Die dürfen Zwischenergebnisse bleiben auf dem weiteren Gesprächsweg.

Philosophieren und Theologisieren kehrt etliche Erfahrungen mit Gesprächen und Erwartungen an sie um: Fragen sind hier wichtiger als Antworten; persönliche Suchbewegungen wichtiger als allgemeingültige Erklärungen; Vielfalt in den Ergebnissen ist wichtiger als die eine treffende Antwort; der Prozess wichtiger als das objektiv fassbare Ergebnis. Der Weg zum Philosophieren und Theologisieren braucht deshalb auch klare Regeln und Einübung in sie.

Anregungen zum Theologisieren

Jeder Gesprächsbeitrag ist richtig und wichtig und verdient Wertschätzung. Die kommt vor allem im aufmerksamen Zuhören der anderen zum Ausdruck, auch in gezielten Nachfragen und dem Anknüpfen anderer an den Beitrag. Das Ziel des theologischen Gesprächs ist nicht ein bestimmtes Ergebnis, auf das hin die Gruppe geschickt gelenkt wird – wie es in so vielen Unterrichtsgesprächen geschieht. Vielmehr geht es um die bereichernde Vielfalt von Sätzen, in denen Eindrücke, Überzeugungen, Meinungen zugänglich werden. Wie in einer kostbaren Schale liegen sie dann vor uns. Diese Zielrichtung des Gesprächs kann unterstrichen werden, indem die das Gespräch leitende Person zwischendurch oder am Gesprächsende auf Gemeinsamkeiten

Gott spricht: Ich will dem Durstigen geben von der Quelle des lebendigen Wassers umsonst.

Offenbarung 21,6

aufmerksam macht, die sich eventuell zu verallgemeinernden Aussagen bündeln lassen, auch Widersprüche erkennbar macht, die so stehen bleiben dürfen.

Zum theologischen Gespräch können durchaus auch erklärende Elemente mit Hintergrundinformationen dazu treten. Bei solchen Sachinformationen geht es um richtig und falsch. Bei der Jahreslosung kann das die Einordnung des biblischen Satzes in die theologischen Strukturen und Intentionen der Offenbarung des Johannes sein. Wichtig ist es, die Erklär-Phasen von den Theologisier-Gesprächen gut zu unterscheiden. Es muss allen deutlich sein, ob jetzt das Erklären oder das gemeinsame Theologisieren dran ist.

Gute Impulse für theologische Gespräche können Geschichten leisten. Bei unserem biblischen Satz ist da an die Begegnung Jesu mit der samaritanischen Frau am Jakobsbrunnen (Joh 4,1-15) zu denken. Zuerst geht es um das konkrete Durst löschende Wasser und Jesu Verhalten mit seiner ungewöhnlichen Bitte. Dann wendet sich das Gespräch zum – typisch johanneischen – Tiefensinn, dem Leben spendenden ‚Wasser' seiner Botschaft. Mit dem Verlauf der Erzählung (ein Erzählvorschlag unter www.friederharz.de) kann sich der Blick auf eigene Erfahrungen in beiderlei Hinsicht öffnen, damit auf den Schatz, der in symbolischen Aussagen bereit liegt. Anregende Fragen könnten sein: „Kann man auch mit den Ohren trinken? Wo und wie mag das geschehen? Wie wird hier welcher Durst gelöscht? Wie war das mit der Frau in der biblischen Geschichte? Wie ist das mit dem Wort aus der Offenbarung? Wo und wie kann das heutzutage geschehen? Wo hat sich für die Frau die Wendung zum hintergründigen Sinn des Bildes vom Wasser aufgetan? Was hat sie wohl ihren Freundinnen von ihrer Begegnung mit Jesus erzählt? Was ist ihr wohl das Wichtigste an dieser Begegnung geworden?"

Wichtig für alle Anregungen zum Theologisieren ist das Eröffnen von Gesprächsraum für den Reichtum vielfältiger Antworten. Prüfstein für die das Gespräch leitende Person ist: Warte ich insgeheim auf bestimmte Antworten oder bin ich neugierig und offen für all das, was die anderen mit einbringen werden. Unsere Erlebnisse mit Gesprächsanregungen sind weithin die eng geführten Fragen, die auf das Erklären zielen – Fragen, ob man einen Zusammenhang richtig verstanden hat, Prüfungsfragen, ob man ihn treffend wiedergeben kann, Kontrollfragen nach Begriffen und ihrer Bedeutung. Philosophieren und Theologisieren ist dagegen eine andere Welt des Fragens und Antwortens. Es ist die Welt des Nachdenkens über das eigene Leben, über den Sinn hinter allem, über das, was ein Leben wirklich wertvoll macht, über den eigenen Glauben mit den Fragen, die wir uns selbst stellen, und den Antworten, die uns selbst weiterbringen.

Dr. theol. Frieder Harz, Prof. i. R., war bis 2009 Prof. für Religionspädagogik an der Evangelischen Hochschule Nürnberg.

Gesprächsarten

Sina Dietl

Monolog

Der Monolog (gr. μόνος mónos „allein" und -log; lat. Soliloquium) bezeichnet unter anderem eine Rede, die so formuliert ist, als sei sie nicht an einen Zuhörer oder Gesprächspartner gerichtet. In übertragener Bedeutung: er hielt endlose Monologe (ließ keinen zu Wort kommen, sprach dauernd).

Dialog

Ein Dialog (altgriech. διάλογος diálogos ‚Unterredung', ‚Gespräch') ist eine mündlich oder schriftlich zwischen zwei (auch als „Zwiegespräch" bezeichnet) oder mehreren Personen geführte Rede und Gegenrede.

Diskurs

Der Begriff Diskurs (von lateinisch discursus „Umherlaufen") ist ein „erörternder Vortrag" oder „hin und her gehendes Gespräch". Es lassen sich zwei Diskursarten unterscheiden:
bei Sprecherwechseln zum Beispiel Frage und Antwort, Vorwurf und Rechtfertigung
keine Sprecherwechsel zum Beispiel Vortrag, Erzählung

Rede

Eine Rede ist eine im Voraus überlegte, mündliche Mitteilung, die von einem Redner an mehrere Personen, dabei trägt der Redner eigene Gedanken vor.

Debatte

Eine Debatte (franz. débattre: (nieder-)schlagen) ist ein Streitgespräch, das im Unterschied zur Diskussion formalen Regeln folgt und in der Regel zur inhaltlichen Vorbereitung einer Abstimmung dient. In einer Debatte werden die Für- und Gegen-Argumente einer These in kurzen Reden vorgetragen. Das Ziel des Debattenredners ist es, andere von den eigenen Argumenten zu überzeugen.

Plädoyer

Ein Plädoyer ist ein entschiedenes Argumentieren für einen Sachverhalt.

Diskussion

Eine Diskussion (lat. Substantiv discussio „Untersuchung, [...] Prüfung") ist ein Gespräch zwischen zwei oder mehreren Personen, in dem ein bestimmtes Thema untersucht wird, wobei jede Seite ihre Argumente vorträgt. Diskussionen in wissenschaftlichen Arbeiten interpretieren die zuvor erarbeiteten Sachverhalte von verschiedenen Seiten kritisch. Der Verfasser greift dabei in die Meinungen möglicher Diskutanten auf und verknüpft diese zu einer zusammenhängenden Betrachtung.

Überredung

Persuasive Kommunikation (lat. persuadere = „überreden") zielt auf das Beeinflussen des Kommunikationspartners. Primäres Ziel der persuasiven Kommunikation ist das Erreichen von Einstellungsänderungen, nicht jedoch Verständigung oder Informationsaustausch. Persuasive Kommunikation kommt überall vor, insbesondere jedoch in der Massenkommunikation, der Werbe- und PR-Kommunikation, im Marketing, im Verkaufsgespräch, in der politischen Kommunikation (z. B. Propaganda) sowie in der Psychotherapie.

Wünsche

In vielen Kulturen wird ein Gruß als Wunsch ausgesprochen. Üblich sind Willkommensgrüße und Abschiedsgrüße, Grüße zum Geburtstag und Grüße zu Festen. Bei vielen dieser Wünsche gibt es feste Redewendungen. Beispiele hierfür sind:
Grüß Gott!
Ich wünsche dir alles Gute zum Geburtstag.
Guten Appetit!
Lasst es Euch schmecken!

Verleumdung

Verleumdung bedeutet im deutschen Strafrecht, dass jemand über eine Person ehrverletzende Behauptungen aufstellt, obwohl dieser weiß, dass die Behauptungen unwahr sind.

Beleidigung

Eine Beleidigung ist eine Aussage oder Handlung eines Senders, die das Ego bzw. den Stolz eines Empfängers mit negativen Emotionen assoziiert – der Kränkung – und somit herabwürdigt.

Appell

Ein Appell ist eine Aufforderung, die auf Handeln oder Nichthandeln ausgerichtet sein kann. Dabei können Botschaften auf verbaler oder nonverbaler Ebene eingesetzt werden. Ein nonverbaler Appell, der situativ eindeutig wirkt, kann z. B. das Winken eines Hilfesuchenden mit dem Arm sein.

Quellen: Wikipedia und duden.de

Sina Dietl hat Sprachwissenschaft studiert und ist Redaktionsassistentin der Praxis Gemeindepädagogik.

Spiele mit dem Mund

Uwe Hahn

In diesem Fall dient der Mund als Ordnungskriterium. Daraus ergeben sich drei Kategorien.

A Spiele, die überwiegend mit Worten und der Sprache arbeiten. Also mit Buchstaben, Worten, Sätzen und Geschichten.

B Spiele, die überwiegend mit der Muskelkraft des Mundes Arbeiten

C Spiele, die mit dem Geschmackssinn arbeiten

Die folgenden Spiele entsprechen überwiegend der Kategorie A.

Diplomatenempfang

Personen	15 bis 50
Alter	ab 10
Zeit	10 min
Art	Kennenlernspiel
Material	—

Die Teilnehmenden stehen im Kreis. Der Spielleiter beginnt. Er stellt sich vor seinen rechten Nachbarn, gibt ihm die Hand und nennt seinen Namen. (Der Begrüßte erwidert nichts.) Dann geht er zum Nächsten und so weiter. Hat er den Letzten begrüßt, stellt er sich in die Reihe. Inzwischen sind die Begrüßten ihm wie an einer Perlenschnur gefolgt und haben auch den Mitspielern ihren Namen genannt. Das Spiel ist beendet, wenn alle ihren Namen jedem Mitspielenden gesagt haben.

Tipp: Spiel mit einer Geschichte einleiten. „Stellt euch vor, ihr seid bei einem großen Empfang und die Gastgeber begrüßen alle Gäste. Bei uns ist heute jeder Gastgeber und Gast …"

Anfangsbuchstabe ein Wort

Personen	ab 10
Alter	ab 12
Zeit	10 min
Art	Kennenlernspiel
Material	—

Jeder bildet einen Satz, in dem jedes Wort mit dem Anfangsbuchstaben des eigenen Vornamens beginnt

Satz mit dem Anfangsbuchstaben der Vornamen bilden

Personen	ab 10
Alter	ab 12
Zeit	10 min
Art	Kennenlernspiel
Material	—

Jede Gruppe bildet einen Satz. Die Worte des Satzes müssen mit dem ersten Buchstaben des Vornamens der Mitspieler beginnen. Es müssen alle Buchstaben vorkommen, kein Buchstabe darf doppelt verwendet werden.

Familie Maier (der Klassiker)

Personen	bis 30
Alter	ab 10
Zeit	10
Art	Ordnungsspiel
Material	kleine Zettel

Der Spielleiter verteilt vorbereitete Zettel, auf denen er Familiennamen geschrieben hat, die ähnlich klingen (Maier, Schreier, Leier, Weiher usw.)

Auf Kommando sagt jeder seinen Namen und es bilden sich Gruppen mit den gleichen Namen. →

Schuh-Scrabble

Personen	ab 10
Alter	ab 12
Zeit	10 min
Art	Unterhaltung/Konkurrenz
Material	Klebezettel mit Buchstaben versehen, Geschichte

Spieler teilen sich in zwei Gruppen und diese spielen gegeneinander. Der Spielleiter hat eine Geschichte vorbereitet und darin einzelne Wörter gekennzeichnet, die die Spieler zeigen sollen. Die Buchstaben dieser Worte wurden auf die Klebezettel geschrieben. Jede Gruppe hat alle Buchstaben, mit dem die Worte gebildet werden können. Bitte dabei auf die Anzahl der Spieler achten. Jeder Mitspieler bekommt zwei Klebezettel, auf denen jeweils ein Buchstabe steht, und klebt diese auf seine Schuhspitzen. Der Spielleiter beginnt eine Geschichte zu erzählen. Bevor ein gekennzeichnetes Wort genannt wird, sagt der Spielleiter: „Bitte zeigen!" Nun stellen sich die Teilnehmer der Kleingruppe so nebeneinander auf, dass sie mit ihren Füßen das Wort in der richtigen Buchstabenreihenfolge bilden.

Sonne Mond und Sterne

Personen	ab 10
Alter	ab 10
Zeit	10 min
Art	Vertrauensspiel
Material	Geschichte

Spielerinnen und Spieler werden gleichmäßig in Sonnen, Monde und Sterne aufgeteilt. Sie gehen durch den Raum und der Spielleiter erzählt eine Geschichte zu Sonne, Mond und Sternen. Kommt in der Geschichte einer der drei Begriffe vor, sinkt die betreffende Gruppe langsam zusammen, die anderen müssen auffangen. Keiner darf auf dem Boden liegen! Wenn die Geschichte weiter erzählt wird, bekommen die Sinkenden wieder Kraft und alle gehen weiter durch den Raum, bis zum nächsten …

Tipp: Der Spielleiter kann die Aktion gut beenden, wenn er am Schluss alle Spielende gleichzeitig sinken lässt.

Abschiedsworte

Personen	bis 20
Alter	ab 12
Zeit	20 min
Art	Abschiedsspiel
Material	kleine Zettel, Stifte

Jeder bekommt einen Zettel und schreibt ein Abschiedswort/satz darauf (z. B. gehe mit Gott, aber geh; es war schön mit dir; gut, dass wir darüber gesprochen haben; hau ab; bis bald …) Zettel einsammeln. Zwei Gruppen bilden. Ein Spieler aus Gruppe A nimmt einen Zettel, liest leise und überlegt, wie er diese Abschiedsformel sagen oder darstellen kann. Dann wählt er einen Spieler aus Gruppe B und sagt sein Abschiedswort. Jetzt ist der Spieler dran, der gerade verabschiedet wurde. Gespielt wird im Wechsel, bis die Zettel alle sind oder alle Spieler dran waren. Dopplungen sollten aussortiert werden.

Uwe Hahn ist Bezirkskatechet im Evangelisch-lutherischen Kirchenbezirk Leipzig und Redakteur bei der Praxis Gemeindepädagogik.

Eine Frage des Stils

Zehn **Internetseiten**, die Sie sofort bessere Texte schreiben lassen

Jens Luniak

Schlechte Texte zu lesen ist eine Qual. Dem Klischee nach liefern Professoren, Pfarrer und Politiker die Klassiker: Die Qualität des Inhalts ist gut, die Lesbarkeit mies. Schnelle Hilfe bei Rechtschreibung, Grammatik und Stilistik bringen Online-Angebote. Probieren Sie es aus.

Das bekannteste Werkzeug ist der Duden – ein Muss für alle Schreiber. Die Online-Rechtschreibprüfung lässt sich nur für Texte bis 800 Zeichen nutzen, gilt aber als sehr genau.

Weniger populär sind Tools zur Überprüfung der Lesbarkeit. Der Flesch-Index überprüft die Leseleichtigkeit einer geschriebenen Botschaft. Gemessen werden die Silbenzahl pro Wort und die Satzlängen. Nach ähnlichem Prinzip ermittelt eine andere Formel den Lesbarkeits-Index LIX (nach Björnsson). Über die Netzseite oder als kostenfreies Programm erhält der Nutzer eine ungefähre Einschätzung der Schwierigkeit von Texten.

Auf dem Siegerpodest der kostenfreien Praxis-Werkzeuge für deutschsprachige Texte stehen pr-gateway.de, textanalyse-tool.de und wortliga.de. Jeweils ein Ampelsystem verdeutlicht, an welcher Stelle der Text Verbesserungsbedarf hat: Grün kennzeichnet Erfolg, Gelb markiert Hinweise und Rot steht für Fehler im Text (speziell zur Optimierung für Suchmaschinen). Eine Artikelbewertung gibt Auskunft zur „Qualität" des Textes und gibt dienliche Hinweise zur besseren Lesbarkeit. Die Resultate sind erschreckend gut. Kein Index beurteilt den wirklichen Inhalt.

Spezielle Formulierungen bewertet BlaBlaMeter – ein humorvoller Schnüffler für heiße Luft in Texten. Entwickler Bernd Wurm begann mit Passagen aus der Bibel, dem Parteiprogramm der FDP und McKinsey-Studien – am besten schnitt die Bibel ab. Werbedeutsch, PR-typisches Gefasel und der übermäßige Gebrauch von Hauptwörtern wird in heiterer Form im Bullshit-Index angemahnt.

Apropos: Text-Generatoren für Bullshit [im Sinne von Schwach- und Blödsinn] bzw. Buzzwords [leere Schlagworte bzw. Phrasen] finden sich im Netz en masse. Deren Boom ist längst vorbei; trotzdem ist es verwunderlich, dass es diese scherzhaften Listen aus Phrasen und Fachwörtern für zufällige und sinnlose Sätze nicht von/für Theologen gibt. Ist hier wirklich kein kritisches Verspotten mit leerer Rhetorik nötig?

Neben dem Verwenden abgegriffener Redewendungen und unnötiger Fremdwörter vermeiden gute Texter überflüssige englische und pseudoenglische Ausdrücke. Die Schöpfer des Anglizismen-Index möchten anregen, statt Anglizismen deutsche Ausdrücke zu verwenden, wo dies aus inhaltlicher und sprachästhetischer Sicht sinnvoll erscheint. Der Anglizismen-Index vom Verein Deutsche Sprache mit fast 8000 Einträgen wird von den Machern und den Nutzern regelmäßig aktualisiert.

Ein anderes Web-Projekt mit Verbesserungen direkt durch die Anwender ist OpenThesaurus. Das Lexikon für bedeutungsgleiche Wörter und sprachliche Verbindungen ist als Internetangebot verfügbar sowie u. a. Bestandteil von freien Schreibprogrammen (z. B. LibreOffice) sowie des Lexikons von Apples Betriebssystemen.

Ein letzter Tipp: Auf der Suche nach neuen Gedankenverbindungen für Ihren Text stellt ein ungeduldiger Herr beim Projekt Answer the Public einfach alles infrage. Nach der Schlagwort-Abfrage erhalten Sie einen ansehnlichen Fragenkreis von Eingebungen plus Auflistung der Oft-gestellten-Fragen zum Thema. Wem helfen Antworten auf Fragen, die kein Mensch stellt?!

Duden-Rechtschreibprüfung:
www.duden.de/rechtschreibpruefung-online

Flesch-Index berechnen:
fleschindex.de

Lesbarkeits-Index nach Björnsson (LIX):
www.psychometrica.de/lix.html

Praxis-Werkzeuge für deutschsprachige Texte:
www.pr-gateway.de/textanalyse

www.textanalyse-tool.de

wortliga.de/textanalyse

BlaBlaMeter:
www.blablameter.de

Anglizismen-Index:
www.anglizismenindex.de

OpenThesaurus:
www.openthesaurus.de

Answer the Public:
answerthepublic.com

Jens Luniak ist Diplom-Kommunikationswirt (SAW) und arbeitet als Medien- und Kommunikationsdesigner in Leipzig.
>>> www.luniak.net

Geschichten-Box

Bibelgeschichten im Vorbeigehen

Michael Köckert

Läuft man in der Leipziger Südvorstadt am Grundstück der ev.-luth. Bethlehemgemeinde entlang, fällt einem sofort das große Lesezeichen direkt an der Straßenkreuzung auf. Passanten finden hier in einem Schaukasten für die gemeindliche Öffentlichkeitsarbeit kurze und knappe Informationen zu den aktuellen Gemeindeveranstaltungen. Doch auffällig viele Familien mit kleinen Kindern, Schulkinder auf dem Weg nach Hause oder Großeltern mit ihren Enkeln machen hier halt. Und das liegt nicht an den Plakaten zu Gesprächskreisen oder dem aktuellen Monatsspruch. Vielmehr verbirgt sich hinter der modern gestalteten Wand aus Beton, die an ein aufgeschlagenes Buch oder eben ein Lesezeichen erinnert, ein spannendes Geheimnis, dem nun schon seit mehr als zweieinhalb Jahren viele Kinder jede Woche neu auf der Spur sind: die Geschichen-Box. Denn schaut man durch zwei Gucklöcher, die praktisch in Kinderaugenhöhe an der Sichtbetonstele angebracht sind, entdeckt man immer einen Teil einer biblischen Geschichte. Jona war schon drin mitsamt dem Wal, Josef mit seinen Brüdern, Gideon, Elia, Rut und Daniel. Viele Geschichten von Jesus waren zu sehen und auch solche, die Jesus seinen Zuhörern erzählt hat, wie die vom barmherzigen Samariter. Ab und an gibt es auch andere Geschichten in der Box zu sehen, die kirchenjahresrelevant sind: So war bereits eine aktuelle Erntedank-Geschichte zu entdecken oder im Oktober des Reformationsjubiläumsjahres Martin Luther.

Vier Anliegen verfolgte seinerzeit die Bethlehemgemeinde:
– Die Kirchgemeinde ohne Kirchengebäude soll im öffentlichen Raum besser sichtbar werden.
– Gemeindeinterne Informationen sollen an einer neuralgischen Straßenecke der Öffentlichkeit präsentiert werden.
– In einem familienfreundlichen Stadtteil sollen biblische Geschichten wieder ins Bewusstsein gebracht und Kindern anschaulich vermittelt werden.
– Dabei sollen auch digitale Kanäle mit einbezogen werden.

Für die Geschichten verwende ich kleine Biegepuppen, Tiere aus Gummi und alles, was die ausrangierten Spielsachen meiner Kinder hergeben. Hintergründe und Requisiten baue ich aus Tapetenleim, Zeitungspapier und Farbe oder aus Sperrholz, Stoff und anderen Materialien. Im Ergebnis entstehen dann anschauliche Bilder, die die Kinder mit in die Geschichten hineinnehmen, ihre Phantasie anregen und sie neugierig machen. Die Geschichten möchten aber auch erzählt werden. Dafür gibt es verschiedene Möglichkeiten: Zum einen findet sich vor Ort zum aktuellen Bild eine kindgerechte Erzählung. Darüber hinaus lässt sich mittels QR-Code und Smartphone die Gemeindewebsite erreichen. Hier werden in einer Slideshow alle Bilder der Geschichte noch einmal präsentiert, eine PDF mit der Erzählung für Kinder ist abrufbar und für die Eltern ein Link zu der Geschichte in einer Online-Bibel, dazu auch ein kurzer theologischer Impuls. Häufig sind die Geschichten Grundlage für unsere Arbeit in den Kinderkirchengruppen.

Michael Köckert ist Gemeindepädagoge in den Ev.-Luth. Kirchgemeinden Peters und Bethlehem in Leipzig.

Speed-Dating: Gesprächsimpulse *abseits* der Tagesordnung

Spielerisches für Kirchenvorstände und andere Gremien und Arbeitsgruppen

Christine Ursel

Wie wäre es mal mit „Speed-Dating"? Dabei denken viele an Partnervermittlung oder Single-Börse im Sinn von „Verliebe Dich neu – in 7 Minuten!". Eigentlich bedeutet Speed-Dating nichts anderes als eine Art Blitz-Verabredung, um mit jemand anderem strukturiert in kurzer Zeit in Kontakt zu kommen.

Eine überraschende Begegnung könnte das werden, wenn man in bestehenden Arbeitsgruppen und Gremien sich mal abseits der Tagesordnung kurz Zeit nehmen würde, mit anderen ins Gespräch kommen. Spielerisch gelingt das locker und leicht: Als Auftakt, als Wachmacher nach einer Mittagspause, als Abschlussrunde. Und es braucht nicht viel. Verschiedene Satzanfänge auf Kärtchen pro Teilnehmendem, die zum Vervollständigen einladen.

Jede Person zieht ein Kärtchen. Dann gehen immer zwei zusammen und lassen das Gegenüber den eigenen Satzanfang weiterführen. Dabei kommt es darauf an, möglichst direkt und spontan zu antworten, ohne langes Überlegen. Nach der wechselseitigen Ergänzung werden die Kärtchen getauscht und jede Person sucht sich ein neues Gegenüber. Das Ganze so schnell wie möglich, damit da wirklich „Speed" reinkommt. Das Tempo macht die Freude und bringt den Schwung.

Nach gut 5 Minuten (das kommt auch auf die Größe der Gruppe an) oder wenn man den Eindruck hat, dass sich die Teilnehmenden langsam alle mal begegnet sind, wird das Speed-Dating mit einem akustischen Signal beendet und die Kärtchen wieder eingesammelt. Wer mag, kann auch spontan eine Resonanz äußern lassen zum Verlauf des Speed-Datings oder zu überraschenden Momenten.

Hier ein paar Beispiele für Satzanfänge – sie sollen persönliche Aspekte und auch Emotionen ansprechen, dürfen aber nicht zu komplex sein:

- Das bringt meine Augen zum Strahlen …
- Heimat heißt für mich …
- Ungerecht empfinde ich …
- Da würde ich gerne mal dabei sein …
- Eine Straße würde ich benennen nach …
- Ein Lieblingsfilm ist …

- Mutig ist es …
- Wenn ich im Lotto gewinnen würde …
- Was mein Herz erfreut …
- Viel verdanke ich …
- Ein guter Tag ist für mich, wenn …
- Kostbar im Leben ist …
- Aufregen könnte ich mich …
- Ich bewundere …
- Miteinander …
- Mir ist ein Licht aufgegangen …
- Ein bisschen stolz bin ich …
- Wenn ich könnte, würde ich …

Eine Anregung zur technischen Umsetzung:

Im PC auf einer Seite in kleine Rahmen gesetzt die Satzanfänge schreiben (da gehen gut 3 × 6 = 18 Kärtchen auf eine Seite), ausdrucken, laminieren und ausschneiden. Damit hat man schnell einen Satz mit Satzanfängen, bei größeren Gruppen einfach mehrere Sätze vorbereiten. Die hohe Anzahl an verschiedenen Kärtchen macht den Reiz aus. Für besondere Gelegenheiten (z.B. für ein Fest oder ein Jubiläum) lassen sich auch Kärtchen mit spezifischen Inhalten vorbereiten.

Gut eignet sich das Spiel mit den Satzanfängen nach Pausen, um wieder energievoll miteinander ins Spiel zu kommen. Das Speed-Dating bringt Menschen zusammen und miteinander ins Gespräch – man zeigt sich anders und lernt sich einfach noch einmal anders kennen. Und das kann sehr positiv auf die Sitzungskultur wirken und damit auch auf das Wie und das Was, worüber laut Tagesordnung gesprochen werden soll. Vielleicht laufen dann die Tagesordnungspunkte auch schneller und lockerer? Oder es kommen ganz neue, kreative Gedanken ins Spiel, die als unerwartete Ideen einen anderen Blickwinkel zulassen? Es käme auf einen Versuch an – positive „Risiken und Nebenwirkungen" nicht ausgeschlossen …

Christine Ursel ist Fortbildungsreferentin beim Diakonischen Werk Bayern – Diakonie.Kolleg und Mitglied der Redaktion der PGP.

4-Phasen-Luther-Tabu

Uwe Hahn

Zu den Klassikern auf dem Spielemarkt gehört Tabu. Das 4-Phasen-Tabu greift die Spielidee auf, fordert aber die Kreativität der Mitspielenden noch mehr. Man benötigt keine große Vorbereitung und keine exotischen Materialien. Es kann zu jedem beliebigen Thema ein neues 4-Phasen-Tabu entstehen. Sollte es zu viele Mitspieler geben, kann man auch in kleinen Teams spielen.

Materialien:
– kleine Zettel und Stifte
– 2 Schüsseln
– Stoppuhr

Vorbereitung:
Auswahl des Themas (Da wir uns im Lutherjahr befinden, soll das unser Thema sein.)
Jeder Mitspieler bekommt ca. 5 Kärtchen und schreibt auf jede Karte einen Begriff zum Thema.
(Beispiele zu Martin Luther: Thesenanschlag, Schlosskirche, Ablassbrief, Mönchsgelübde, Tintenfass, Reformationsbrötchen, Hausandacht, Rechtfertigungslehre, Bibelübersetzung …)
Zettel werden 1 bis 2 mal gefaltet (bitte alle gleich) und in eine Schüssel gelegt.

Es geht los:
Jede Runde dauert 30 Sekunden.

1. Phase: Beschreiben
Ein Mitspieler beginnt und dann geht es reihum. Er zieht einen Begriffszettel und erklärt den Begriff. Die anderen Spieler raten. Ist der Begriff erraten, wird ein neuer Begriff gezogen und so weiter …
Erklärer und Rater bekommen pro erratenem Begriff je 1 Punkt. Werden Begriffe aussortiert bzw. Worte aus dem Begriff benutzt, erhält der Erklärende je 1 Minuspunkt.
Erratene Begriffszettel kommen in die 2. Schüssel.

2. Phase: Nur ein Wort
Für den Begriff wird ein anderes Wort gefunden bzw. ein Wort, das den Ratern den Begriff erschließen kann.
Ablauf sonst wie in Phase 1.

3. Phase: Pantomime
Begriffe werden pantomimisch dargestellt.
Ablauf sonst wie in Phase 1.

4. Phase: Geräusch
Begriffe werden mit einem Geräusch erklärt.
Ablauf sonst wie in Phase 1.

Obwohl bei diesem Spiel der Spaß überwiegen soll, ist es auch ein Konkurrenzspiel. Rate- und Erklär-Punkte werden addiert, der mit den meisten Punkten gewinnt.

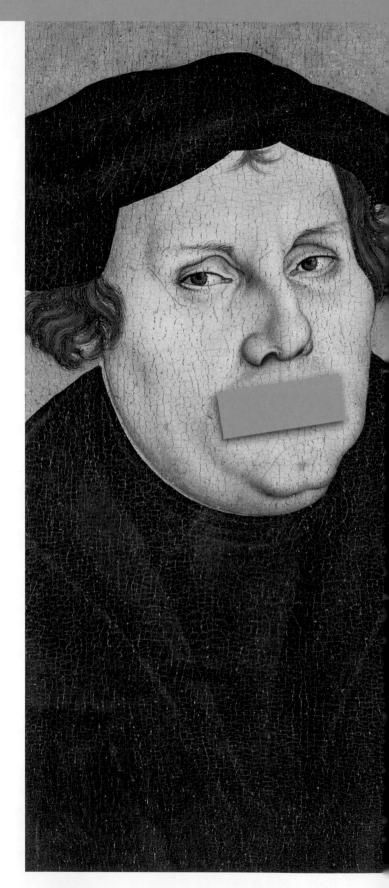

Uwe Hahn ist Bezirkskatechet im Evangelisch-lutherischen Kirchenbezirk Leipzig und Redakteur bei der Praxis Gemeindepädagogik.

Mehr als 1000 Worte

Organisationskultur als beredtes Zeugnis

Jutta Rottwilm

Abends nach dem Workshop im Weinkeller berichtet einer entrüstet vom Betriebsausflug: „Alle *mussten* mitfahren, aber Getränke und Essen wurden nicht bezahlt! Und die allein erziehende Kollegin, gerade frisch geschieden, durfte ihre Dreijährige nicht mitbringen, aber dabei sein sollte sie! Tja, da war sie halt erkrankt!" Jetzt gibt ein Wort das andere – alle sind aufgebracht, entrüstet – und erzählen noch eine Geschichte dazu. Ein anderer Mitarbeiter wurde per SMS ins Büro des Abteilungsleiters einbestellt – ihm schwante schon, dass sein befristeter Vertrag nicht verlängert werden würde. Es hatte Hinweise von Kolleginnen gegeben: „Halt Dich mal zurück mit Deinen Bemerkungen bei der Dienstversammlung. Wie du aussiehst und dich benimmst – das hat sonst keine Zukunft hier!" Aber dass er per SMS einbestellt wurde für das letzte Gespräch im Dienst, das hält man am Tisch nun doch für daneben. „Nach außen große Worte und Erklärungen, und nach innen …" „Dann muss eben mal die Organisationskultur verändert werden!", meint eine junge Kollegin. Hier sind sich alle einig!

Als die Organisationskultur zum Thema wurde

In den 80ern erschien das „Zaubermittel Organisationskultur" in den Debatten um Managementkonzepte besonders häufig: In der Autoindustrie kamen die Europäer den grandiosen Erfolgen der Japaner seit den 70ern nicht mehr nach. Unternehmensberater (Peters/Waterman 1982) entdeckten in erfolgreichen US-amerikanischen Unternehmen die Wirkung der „weichen" Faktoren: Sinn- und Orientierungsmuster, die alle Handlungen neben – und z. T. unterhalb der Wahrnehmung – der betriebswirtschaftlich „harten" Fakten und Strukturen durchziehen. Bis heute hält sich die Vorstellung, man könne z. B. nach Fusionen eine Erneuerung der Organisationskultur kaskadenhaft über ein ganzes Unternehmen ziehen und verankern. Mitarbeitende in kirchlich-caritativen Organisationen bemühen das Phänomen der Organisationskultur meiner Beobachtung nach besonders dankbar – und meistens in kritisch-diagnostischer Absicht. Damit verbindet sich oftmals die (berechtigte) Erwartung, dass von Werten geleitete und sie vermittelnde Organisationen eine besondere Aufmerksamkeit auf die eigene Kulturbildung legten.

„So geht das bei uns!"

Oft sagen eingeübte Gebräuche verschiedener Abteilungen, Teams und Einrichtungen „mehr als 1000 Worte" über die Kultur der Organisation. Beobachtbar z. B. anhand des Essens: gemeinschaftlich oder allein, aus der mitgebrachten Brotdose am Schreibtisch oder in Kantine oder Küche, Geburtstagstorte oder Empfang, ausschweifend oder knapp mit Uhr im Blick, nach Hierarchie getrennt oder zusammen … Es sind auch symbolische Handlungen, die vor allem und zu allererst

auf unsere *Affekte* anspielen. Bei den genannten Polaritäten fragt sich wohl jede: Wie halten wir es denn bei uns? Und wie finde ich die Praktiken der anderen? Erst später „konstruieren" wir die Begründung, warum es „bei uns" so ist und nicht anders und welchen Sinn das macht („Auf diese Weise fördern wir den Teamgeist!", „Sowas machen wir nicht. Wir arbeiten und verplempern nicht unsere Zeit.").

Dass es eingespielte Routinen gibt, die mit Werten belegt sind, wird oft erst deutlich, wenn z. B. ein Neuer ins Fettnäpfchen tritt. Noch unter Welpenschutz gestellt geht das vielleicht – kommt es häufiger und an gravierenden Stellen vor, führt es zum Ausschluss aus der Organisation. Deshalb hält das Arbeitsrecht die Probezeit vor und ermöglicht eine Trennung aufgrund fehlender (kultureller) Passung auch ohne sachliche Gründe. (Simon, Systemische Organisationstheorie, 99 f.)

Das Eisbergmodell

Es gibt eine Vielzahl von Theorien zur Unternehmenskultur. Hilfreich ist eine funktionale Definition, wie sie E. Schein formuliert: „[Organisationskultur ist] ein Muster gemeinsamer Grund*prämissen*, das die Gruppe bei der Bewältigung ihrer Probleme externer Anpassung und interner Integration erlernt hat, das sich bewährt hat und somit als bindend gilt; und das daher an neue Mitglieder als rational und emotional korrekter Ansatz für den Umgang mit diesen Problemen weitergegeben wird." (Schein, 1995, 25; Hervorhebung J.R.) Wie die „Sprache" als Medium der Kommunikation ist die Organisationskultur vorausgesetzt, „gegeben", und wird zugleich immer wieder reproduziert. Als Modell zur Wirkweise der Organisationskultur hat sich das sog. „Eisbergmodell" bewährt, bei dem Kultur als Regelwerk beschrieben ist: →

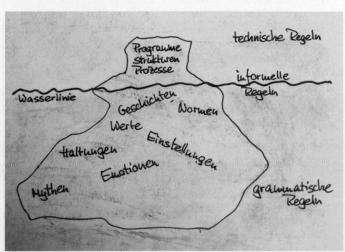

Sackmann, 2004, 25

Zu unterscheiden sind die *technischen Regeln* der formalen Organisation – Programme und Strukturen, wie sie in Leitbildern, Prozessbeschreibungen, Organigrammen o.ä. festgehalten sind. Sie sind *sichtbar*, aber natürlich immer wieder auszulegen und zu kommunizieren. Unterhalb der Wasserlinie befinden sich die *grammatischen Regeln* als identitätsstiftender Kern der Organisationskultur. Sie transportieren untergründig die Werte und Normen, sind emotionsgeladen und *behäbig*. An der Wasserlinie lassen sich die *informellen Strukturen und Regeln* ansiedeln; sie reichen mal an die Oberfläche, mal unter die Wasserlinie. Hier gibt es allerhand Unausgesprochenes, das der Leistungserbringung der Organisation zuträglich ist: der kurze Dienstweg, die kleine Absprache auf dem Flur, das, was jemand nebenher ohne ausdrücklichen Auftrag mit erledigt u. v. m.

Die Organisationskultur füttern

Die Runde im Weinkeller müssen wir ernüchtern. Als kollektive Konstruktion lässt sich die Organisationskultur ursächlich nicht einzelnen Personen zuschreiben. Sie ist bewahrend, identitäts- und sinnstiftend. Versuche, brachial einzugreifen, sind (zu Recht) zum Scheitern verurteilt. Der Begriff beschreibt ein sensibles Feld, das offenbar vieldeutig bleibt und sich zielsicherer Einflussnahme entzieht.

Und: Auch die Klage über beobachtete Defizite der Organisationskultur ist kulturbildend! Sie bleibt eher destruktiv, solange sie nicht versuchsweise kleine Portionen aus dem Untergrund zur Bearbeitung an die Oberfläche hebt und ins Gespräch bringt. Das geht, wenn ein Ort/Raum geschaffen wird, an dem die Beobachtungen in der eigenen Organisation (auf der Metaebene) besprochen werden können, sozusagen vom Adlerhorst auf das eigene Alltagsgeschäft schauend. Probeweise kann dann Neues eingeführt werden. Natürlich braucht es auf der Leitungsebene dazu die Bereitschaft, möglichst ein fröhliches Willkommen gegenüber den Initiativen von Einzelnen und Teams und ein Bewusstsein von der eigenen kulturprägenden Vorbildfunktion. Das Motto dürfte sein: Lasst uns Geschichten über unsere Organisation erzählen, möglichst viele gute, um das Gute, das es schon gibt, zu verstärken – und um Kraft zu gewinnen für die Kreation dessen, was sonst noch Not tut! Die Debatte über das Wofür und Wohin von Kirche und Diakonie ist explizit zu führen. Nicht um Einheitlichkeit als Kulturmerkmal zu entwickeln, sondern um Verständigungsprozesse kulturbildend zu initiieren und aufrechtzuerhalten.

Verwendete Literatur:

Baumfeld, Leo: <http://www.baumfeld.at/fles/04-Kultur.pdf> am 31.10. 2017 Organisationsberatung

Peters, Th. J./Waterman, Th. J. R. W. (1982): In Search of Excellence – Lessons from America's Best-Run Companies: Harper & Row

Sackmann, Sonja, Erfolgsfaktor Unternehmenskultur, Wiesbaden 2004

Schein, Edgar H.: Unternehmenskultur. Ein Handbuch für Führungskräfte, Frankfurt 1995

Simon, Fritz B.: Einführung in die systemische Organisationskultur, Heidelberg 2007

Jutta Rottwilm ist Organisationsberaterin, Coach und Pfarrerin.

Anzeige

EVANGELISCHE HOCHSCHULE FREIBURG

MASTER-STUDIENGANG SUPERVISION

als Studium oder Weiterbildung mit den Wahlschwerpunkten:

A. Systemtheorie und Konstruktivismus
B. Pastoralpsychologie

Sie studieren:

- berufsbegleitend in fünf Semestern mit 52 Präsenztagen in Freiburg
- praxisorientiert und wissenschaftlich fundiert
- mit Studierenden und Dozierenden aus verschiedensten Berufsfeldern
- von Fachverbänden (DGSv, DGfP, BSO) als Zugangsvoraussetzung anerkannt

Abschluss: **Master of Arts in Supervision (90 ECTS)**
Diploma Supplement in Supervision

Studienbeginn: Oktober 2018
Bewerbungsfrist: 15. Mai 2018

Studiengangsleitung: Prof. Dr. Kerstin Lammer | www.eh-freiburg.de/kerstin-lammer
Nähere Informationen unter: www.eh-freiburg.de/studieren
Kontakt: Iris Schildecker, Tel.:+49 (0)761 478 12 740 | iris.schildecker@eh-freiburg.de

www.eh-freiburg.de

Staatlich anerkannte Hochschule der Evangelischen Landeskirche in Baden

EVANGELISCHE LANDESKIRCHE IN BADEN

www.praxis-gemeindepaedagogik.de

Jahresinhaltsverzeichnis
70. Jahrgang 2017

PRAXIS GEMEINDEPÄDAGOGIK

ZEITSCHRIFT FÜR EVANGELISCHE BILDUNGSARBEIT

PGP 1/2017: THEMA „FREMD(ES) ZUHAUSE"

ARNDT, TIMOTHEUS: Jüdische Aussiedler in deutschen jüdischen Gemeinden . . . . H. 1, S. 26–27

BAUMGÄRTEL, ELLEN: Heimat II. Heimat-Zugänge . . . . H. 1, S. 37–39

BOSSE-HUBER, PETRA: Fremd(es) Zuhause. Meditation zum Heftthema . . . . H. 1, S. 4–5

EGLER-KÖKSAL, GISELA: »Eins Sein in Christus« in Deutschland: Interview mit Pfarrerin Gisela Egler-Köksal,
    Ökumenisches Zentrum Christuskirche, Frankfurt/M. . . . . H. 1, S. 23–25

ENGER, PHILIPP: »Ich war fremd und ihr habt mich aufgenommen«. Biblische Impulse zum Verständnis des Fremden . . . . H. 1, S. 6–8

GRIEBEL, ORTRUN: 70 Jahre später: Flucht damals und heute . . . . H. 1, S. 28–29

KAUPP, STEFFEN: Woanders zuhause? Fremd und anders . . . . H. 1, S. 62–64

KLINGERT, SABINE: Zuhause in der Welt. Ökumenisches Freiwilligenprogramm des Berliner Missionswerkes . . . . . H. 1, S. 12–14

KRETZSCHMAR, GERALD: »Sein Haus hat offene Türen«. Kirchengemeinden als Heimat in einer mobilen Gesellschaft . . . . . H. 1, S. 15–17

LEDER, VOLKHARD: Zuhause kann überall sein. Kinder einer Bremer Kita lesen ein Bilderbuch über ein Flüchtlingsmädchen . . . H. 1, S. 40–41

LINDOW, DOROTHEA: Heimisch werden. Wichtiges für den Übergang in ein Altenpflegeheim . . . . H. 1, S. 30–31

MÜLLER, PETRA: »Denn Bleiben ist nirgends …«. Ein geografischer Blick auf die eigene Biografie . . . . H. 1, S. 32–34

OESSELMANN, DIRK: À Dieu – die Begegnung mit dem Anderen auf der Suche nach Gott. Professionelle Wege in der Gemeindepädagogik . . . H. 1, S. 59–61

PERLICK, THOMAS: Spot an! . . . . H. 1, S. 20–21

POPP, THOMAS: Heimat: Herkunft und Zukunft. Anthropologische und theologische Aspekte . . . . H. 1, S. 56–58

SCHÄFER, ANN-SOPHIE: Ich bin ein Fremder (gewesen) … Ein Gemeindeprojekt zu Fluchtgeschichten aus dem Oberharz . . . H. 1, S. 9–11

SCHMIDT, ANGELIKA: Was ist für mich Heimat? Ein Biografieprojekt mit Ehrenamtlichen . . . . H. 1, S. 18–19

SCHNEIDER, DOROTHEE: Spiele und Aktionen, die zusammenbringen . . . . H. 1, S. 42–43

SPENN, MATTHIAS: Fremd Fremde Fremdes Zuhause . . . . H. 1, S. 3

URSEL, CHRISTINE: Viel-Harmonie und Resonanz – Musikalische Reflexion zum Fremden und Vertrauten in der Organisationskultur . . . H. 1, S. 35–36

PGP 2/2017: THEMA »ERLEBNIS PÄDAGOGIK«

ALDENHOFF-ARTZ, ANGELIKA: Worte werden Farbe. Ein spiritueller Mal-Workshop.
    Über die Kraft von Seelen-Farben, geheimnisvollen Linien und leuchtendem Blattgold . . . . H. 2, S. 44–45

BRACHARZ, FRANZISKA: Die Kinderstadtführung Erfurt. Methoden und Zielgruppenorientierung
    in Kunst-, Kultur-, Geschichts- und Religionsvermittlung am außerinstitutionellen Lernort . . . . H. 2, S. 49–50

DONNER, CATJA und THUNIG, OLIVER: Verlierst du noch oder gewinnst du schon?
    Die Spannung zwischen Konkurrenz und Kooperation als Herausforderung in gemeindepädagogischen Spielaktivitäten . . . H. 2, S. 14–17

DROGAT, DOMINIK: Erlebnispädagogik. Einführung in ein handlungsorientiertes Bildungskonzept . . . . H. 2, S. 6–7

GRAFFAM, PHILIP: Theater in der Gemeinde? Warum nicht . . . . H. 2, S. 22–23

GROLLE, ANJA: Von der Sozialpädagogin zur Zirkuspädagogin. Eine berufsbiografische Skizze . . . . H. 2, S. 46–48

HERGT, MARTINA: Liedentfaltungen: Herz und Mund und Kopf und Hand. Singen mit Kindern – ein Praxisblick . . . H. 2, S. 26–28

KLIE, THOMAS: Vermitteltes Erleben. Meditation zum Heftthema . . . . H. 2, S. 4–5

KNUTZEN, CHRISTIANE: Beim nächsten Mal bin ich ein Krieger! Von Spielen und Erleben durch »Live Action Role Playing« (LARP) . . . H. 2, S. 18–19

KRAFCICK, MARIT: Warming up. Spiele und Aktionen zum Warmwerden und Ankommen . . . . H. 2, S. 24–25

KÜHN, CLAUDIA: Theaterpädagogik . . . . H. 2, S. 20–21

LANGE, WOLFGANG: Arbeitsfeld Naturpädagogik in der Gemeindepädagogik . . . . H. 2, S. 33–35

LEONHARDI, ANGELIKA: Kunstpädagogik im gemeindepädagogischen Arbeitsfeld . . . . H. 2, S. 40–43

MACHT, SIEGFRIED: Lebendige Steine. Bausteine zur Kirchraumerschließung mit Lied und Tanz . . . . H. 2, S. 29–30

RINGER, BEATRICE: »Vom Barmherzigen Vater« . . . . H. 2, S. 36–39

SCHULZE, JAN: Kommt, wir finden einen Schatz. Geocaching mit Kindern . . . . H. 2, S. 8–9

SPENN, MATTHIAS: Erlebnis Pädagogik . . . . H. 2, S. 3

STEFFEN, MARKUS: St. Veit Climbing Tower. Christusorientierte Erlebnispädagogik im Kirchturm . . . . H. 2, S. 11–13

STEFFENHAGEN, DETLEF: Blitz und Donner auf der Orgel. Kinderkonzert mit Orgelführung . . . . H. 2, S. 31–32

PGP 3/2017: THEMA »Lust auf Leben«

AUERNHAMMER, INGRID und SCHINDLER, WOLFGANG: Vision Quest – Visionssuche.
    Jugendliche in Gottes Schöpfung unterwegs zum Erwachsenwerden . . . . H. 3, S. 20–23

DRESSLER, BERNHARD: Religiöse Erziehung und religiöse Bildung:. Erschließung einer Lebensmelodie . . . . . . H. 3, S. 15–17

HABIGHORST, SABINE: Regretting Motherhood . . . . H. 3, S. 32–33

HAHN, UWE: Nur wer die Sehnsucht kennt, weiß, was ich leide! Impulse aus der Gemeinwohl-Ökonomie . . . . . H. 3, S. 44

JAKUBEK, ULRICH: Meine Fähigkeiten und Kompetenzen. Die eigenen Potenziale entdecken und entwickeln . . . H. 3, S. 24–25

KEIL, ANNELIE: Lust auf Leben – zwischen Himmel und Erde. Auf brüchigem Boden Land gewinnen . . . . H. 3, S. 30–31

KESSLER, HILDRUN: Das Leben neu entwerfen? Mediation zum Gemälde »Der Jungbrunnen« und 2Kor 5,17 . . . H. 3, S. 4–5

LANGE, WOLFGANG: Lust auf Leben – im Übergang vom Berufsleben in den Dritten Lebensabschnitt . . . . H. 3, S. 18–19

NELL, KARIN und ZIEFLE, JOACHIM: Wohnschule in Köln. Gemeinschaftsprojekt der Melanchthon-Akademie in Köln
    und des Evangelischen Erwachsenenbildungswerks Nordrhein in Düsseldorf . . . . H. 3, S. 36–37

OELMANN, BURKHARD: Kunstprojekte am Refo Konvent in Moabit (Teil 3) Hoffnung Hinaustragen. Begegnungen mit Menschen im Kiez . . . H. 3, S. 42–43

PETZOLDT, TOBIAS: Zufrieden im Arbeitsleben? Ergebnisse einer Untersuchung zur Arbeitszufriedenheit von Mitarbeitenden
    im Verkündigungsdienst im Bereich der Evangelisch-Lutherischen Landeskirche Sachsens (EVLKS) . . . . . H. 3, S. 34–35

PIONTEK, INGRID: Lust auf Leben – Auftanken und Ausrichten.
    Fortbildungen für Gemeindepädagogen (FS und FH) nach mehreren Berufsjahren in der EKM . . . . H. 3, S. 27–29

PIONTEK, INGRID: Ehrenamt macht glücklich?
    Was ein freiwilliges Engagement zur Lust am Leben beitragen kann am Beispiel der Arbeit mit Kindern . . . H. 3, S. 55–56

POPP, THOMAS: Lust auf Leben. Modellfiguren im vierten Evangelium . . . . H. 3, S. 6–8

SCHNEIDER, KATHARINA: Lust auf Vielfalt Vom anstrengenden Leben unter Menschen mit anderen Lebensentwürfen . . . H. 3, S. 38–39

SCHNELL, TATJANA: »Beim Sinn geht es nicht um Glück, sondern um das Richtige und Wertvolle.«
    Im Gespräch mit Tatjana Schnell, Professorin für Persönlichkeits- und differentielle Psychologie und Empirische Sinnforschung . . . H. 3, S. 12–14

SPENN, MATTHIAS: Lust auf Leben . . . . H. 3, S. 3

URSEL, CHRISTINE: Kopfstand: Anders leben und wirtschaften Impulse aus der Gemeinwohl-Ökonomie . . . . . H. 3, S. 40–41

ZIMMERLING, PETER: Hineinwachsen in die eigene Berufung. Plädoyer für eine gottesdienstliche Lebensführung . . . H. 3, S. 9–11

PGP 4/2017: THEMA »RÄUME«

BARKOWSKI, MARLIES: Technik im Kirchenraum. Ansprüche und Entwicklungsideen für eine Multimediale Kirche . . . H. 4, S. 14–15

BERGT, ELKE: STADTLAND Kirche: Querdenker für Thüringen 2017. Ein Projekt der Evangelischen Kirche in Mitteldeutschland . . . H. 4, S. 23–24

BETHGE, CLEMENS W.: Meditation . . . . H. 4, S. 4

BLASZCYK, SABINE: Frontal, U oder Stuhlkreis? Raumsoziologische Perspektiven in Bildungsprozessen . . . . . . H. 4, S. 35–36

BOGENDÖRFER, MONIKA: Aneignung und Entdeckung von Räumen durch Reinigungsdienste? Ein Beispiel aus der Arbeit mit Konfirmanden. . . . . H. 4, S. 18

CHARBONNIER, LARS: Respekt, wer's selber macht!
Von Möbeln, Heimwerkern und Raumgestaltung als sinnerfüllender Identitätsstiftung und der Frage: Kann Kirche das auch?. . . . . H. 4, S. 27

FELSENSTEIN-ROSSBERG, ANDREA: Kirchen führen – Räume erschließen – Regionen stärken. . . . . H. 4, S. 45–47

FRIED, HAGEN: Konfusion in der Fusion – oder wie die Zusammenlegung von Kirchengemeinden gelingen kann. Ein Gespräch mit Hagen Fried . H. 4, S. 28–29

GLOGE, PHILIPP: Das Ende eines Dornröschenschlafes? Aktionstag in einer ungenutzten Kirche im Landkreis Sömmerda . . . . H. 4, S. 25–26

GNIEWOSS, UTE: Geschichten aus dem Kirchenasyl. Interview mit Pfarrerin Ute Gniewoß . . . . H. 4, S. 39–40

GOETZE, ANDREAS: Räume der Begegnung und Verständigung zwischen den Religionen.
Der „interreligiöse Stadtplan" des „Berliner Forums der Religionen". . . . . H. 4, S. 38

HÄGER-HOFFMANN, CAROLA: Ein dritter Ort – ein Grundprinzip bei den Tagen Ethischer Orientierung (TEO) . . . . H. 4, S. 37

HAHN, UWE: Räume für die gemeindepädagogische Arbeit . . . . H. 4, S. 5

HAHN, UWE: Krabbelecken in der Kirche . . . . H. 4, S. 41

KUTZNER, HANS-JÜRGEN: Die Kirche und der Raum.
Was ein freiwilliges Engagement zur Lust am Leben beitragen kann am Beispiel der Arbeit mit Kindern . . . . H. 4, S. 42–44

LANGGUTH, TABEA: Der Reichtum der Kirche an Steinen. Evangelische Kirchenräume in Zahlen . . . . H. 4, S. 9–10

LUTHE, SWANTJE und MERLE, KRISTIN: Der Trauer Raum geben. Soziale Praktiken im Kontext von Online-Gedenkseiten . . . . H. 4, S. 19–20

MEYKNECHT WERNER: Vom Rückbau zum Umbau. Projekt Dorf – Kirchen – Leben . . . . H. 4, S. 21–22

NEUMANN, ROBERT: Die Kirche von innen her bauen … Eine Jugendkirche in Haldensleben im Norden Sachsen-Anhalts.
Ein Gespräch mit Robert Neumann . . . . H. 4, S. 16–17

SCHULMEISTER, NIKO: Welche Räume braucht religiöse Praxis? Die Antwort eines Buddhisten auf die Frage von Lars Charbonnier . . . H. 4, S. 33–34

SPENN, MATTHIAS: RÄUME . . . . H. 4, S. 3

SPENN, MATTHIAS: Räume als Pädagogen und Erzieher. Gemeindepädagogische Perspektiven . . . . H. 4, S. 48–50

STIEBLER, SINA: Kirchenräume. Geschichte zeigen, Haltepunkte geben, Erleben ermöglichen. Ein Gespräch mit der Architektin Sina Stiebler . H. 4, S. 11–13

URSEL, CHRISTINE: Alles im grünen Bereich? Bestandsaufnahme: Mein Arbeitszimmer – mein Büro . . . . H. 4, S. 30

WACHTMANN, ANTJE: Du stellst meine Füße auf weiten Raum. Ein Blick in Raum und Weite der kirchlichen Urlauberarbeit . . . . H. 4, S. 31–32

ZARNOW, CHRISTOPHER: Räume erschließen. Zugänge und Perspektiven . . . . H. 4, S. 6–8

PRAXIS IM KIRCHENJAHR

CARSTENS-KANT, SIMONE: Tag der Apostel Petrus und Paulus. Mit allen Sinnen auf alten Spuren . . . . H. 2, S. 56–57

DOYÉ, THOMAS: Generationenprojekt Leporello-Bibel . . . . H. 4, S. 55–56

HAHN, UWE: Eine lange Nacht der Krippenspiele . . . . H. 3, S. 49

HANISCH, CLAUDIA und MESSING, SILKE: LutherProjekt in der Evangelischen Kindertagesstätte »Die Kirchenmäuse« Eisleben . . . . . H. 3, S. 52–53

HÜHLER, BARBARA: Familiengottesdienst: »Christrose« . . . . H. 3, S. 50 51

JAMAL, HELGARD: Leid – Tod – Auferstehung. Geschichten der Passions- und Osterzeit mit interreligiösem Zugang . . . . H. 1, S. 47–50

KUNZE-BEIKÜFNER, ANGELA: Pfingsten erleben und gestalten. Gestaltungsvorschlag für die Arbeit mit Kindern . . . . H. 2, S. 51–52

LEMKE, BETTINA G.: Unterwegs und zu Gast. Wanderprojekt der Kindergruppen des Kirchenbezirkes Freiberg . . . . H. 2, S. 53–55

MÜLLER, KARSTEN: App and away. Reformation 2.0. Mit dem Smartphone auf den Spuren Luthers. . . . . H. 3, S. 47–48

MÜLLER, PETRA: Lust auf Ernte-Dank-Zeit. Verschiedene Veranstaltungsideen rund um Ernte-Dank . . . . H. 3, S. 45–46

OELMANN, BURKHARD: Kunstprojekte am Refo Konvent in Moabit. »Fire« – Pfingsten entdecken . . . . H. 1, S. 51–52

OELMANN, BURKHARD: Kunstprojekte am Refo Konvent in Moabit (Teil 2). »Siehe«, Spirituelle Bilder und Texte im Kirchraum . . . . . H. 2, S. 58–59

REUTER, THOMAS: Martinsspiel »Die Geschichte des Bettlers« . . . . H. 3, S. 54

TOKARSKI, IRENE: »Die ganze Welt ist unsere Pfarrei«. Wegweisende Grenzüberschreitungen beim Weltgebetstag . . . . H. 1, S. 44–46

WALTER, ULRICH: Martin Luther mit dem Zollstock / Erzählt und Vermessen . . . . H. 4, S. 51–53

WEBER, EKKEHARD: Miteinander zum Geschenk. Ökumenische Kinderbibelwoche und.
Religiöse Kinderwoche (RKW) für das Reformationsjahr 2017 . . . . H. 1, S. 53

WÜNSCHE, MATTHIAS: Licht in verschwenderischer Fülle und Weihrauch am Abend von Epiphanias . . . . H. 4, S. 57–58

ZEEH-SILVA, BRIGITTE: … kein Raum in der HERBERGE . . . . H. 4, S. 54

MATERIALIEN/BUCHREZENSIONEN

CHARBONNIER, LARS: David Plüss, Matthias Zeindler, Matthias D. Wüthrich (Hg.), Ekklesiologie der Volkskirche.
Theologische Zugänge in reformierter Perspektive, Praktische Theologie im reformierten Kontext, Band 14, Zürich: TVZ 2016. . . . . H. 1, S. 68

CHARBONNIER, LARS: Sabrina Müller. Fresh Expressions of Church. Ekklesiologische Beobachtungen und Interpretationen
einer neuen kirchlichen Bewegung, Zürich: TVZ 2016 . . . . H. 1, S. 68

CHARBONNIER, LARS: Ute Beyer-Henneberger, Supervision und Burnout-Prophylaxe in pastoralen und schulischen Berufsfeldern,
Praktische Theologie heute, Bd. 148, Kohlhammer, Stuttgart 2016. . . . . H. 2, S. 66

CHARBONNIER, LARS: Franziska Beetschen, Christian Grethlein, Fritz Lienhard (Hg.), Taufpraxis. Ein interdisziplinäres Projekt,
Evangelische Verlagsanstalt Leipzig 2017 . . . . H. 2, S. 66

CHARBONNIER, LARS: Carsten Gennerich/Mirjam Zimmermann, Abmeldung vom Religionsunterricht:
Statistiken, empirische Analysen, didaktische Perspektiven, Evangelische Verlagsanstalt Leipzig 2016 . . . . H. 3, S. 63

CHARBONNIER, LARS: Oliver Steffen, Gamen mit Gott. Wo sich Computerspiele und Religion begegnen, TVZ, Zürich 2017 . . . . H. 3, S. 63

CHARBONNIER, LARS: Ralph Kunz (Hg.): Seelsorge. Grundlagen – Handlungsfelder – Dimensionen, V&R, Göttingen 2016 . . . . H. 3, S. 64

CHARBONNIER, LARS: Cornelia Coenen-Marx, Beate Hofmann (Hg.), Symphonie – Drama – Powerplay.
Zum Zusammenspiel von Haupt- und Ehrenamt in der Kirche, Kohlhammer, Stuttgart 2016 . . . . H. 3, S. 64

CHARBONNIER, LARS: Bernd Schröder/Jan Hermelink/Silke Leonhard (Hg.), Jugendliche und Religion.
Analysen zur V. Kirchenmitgliedschaftsuntersuchung der EKD, Religionspädagogik innovativ, Bd. 13, Kohlhammer, Stuttgart 2017 . . . . . H. 4, S. 63

CHARBONNIER, LARS: Michael Domsgen/Ekkehard Steinhäuser (Hg.), Identitätsraum Dorf. Religiöse Bildung in der Peripherie,
Evangelische Verlagsanstalt Leipzig, 2015 . . . . H. 4, S. 63

CHARBONNIER, LARS: Albert Gasser, Mit Philosophen und Theologen denken und glauben. Annäherungen an die Gottesfrage,
tvz, Zürich 2017. . . . . H. 4, S. 64

CHARBONNIER, LARS: Kurt Erlemann, Fenster zum Himmel. Gleichnisse im Neuen Testament, V&R Neukirchener Theologie, Göttingen 2017 . . . H. 4, S. 64

MÜLLER, PETRA: Christiane Baer-Krause, Wie heißt dein Gott eigentlich mit Nachnamen? – Kinderfragen zu fünf Weltreligionen,
Thienemann-Verlag, Stuttgart 2015 . . . . H. 1, S. 55

MÜLLER, PETRA: Margot Käßmann/Ralph Ludwig, 95 × Reformation – ein kleines ABC, Lutherisches Verlagshaus, Kiel 2016 . . . . H. 1, S. 55

MÜLLER, PETRA: Evamaria und Reinhard Simon, Ostern inszenieren, Gütersloher Verlagshaus, Gütersloh 2016 . . . . H. 1, S. 55

MÜLLER, PETRA: Kirsten Bowie: Bestimmt wird alles gut, Klett Kinderbuch, Leipzig 2016 . . . . H. 1, S. 55

MÜLLER, PETRA: Marcell Saß/Karlo Meyer (Hg.), Mit Konfirmandinnen und Konfirmanden Gottesdienst feiern,
Gütersloher Verlagshaus, Gütersloh 2016 . . . . H. 2, S. 63

MÜLLER, PETRA: Angela Wäffler-Boveland, Mit der Nase hören – eine kleine Theologie der Düfte,
WerkstattBibel, Bd. 19, Verlag Katholisches Bibelwerk, Stuttgart 2015 . . . . H. 2, S. 63

MÜLLER, PETRA: »KreaTalento® – entdecken,wozu ich fähig bin«, Amt für Gemeindedienst in der Ev.-Luth. Kirche in Bayern . . . . H. 2, S. 63

MÜLLER, PETRA: André Hagemeier, Gemeinsam draußen Gott erfahren«, Neukirchener Verlagsgesellschaft., Neukirchen-Vluyn 2014 . . . . . . H. 2, S. 63
MÜLLER, PETRA: Thomas Weiß, Werkbuch Schulgottesdienste, Gütersloher Verlagshaus, Gütersloh 2016 . . . . H. 3, S. 61
MÜLLER, PETRA: Wolfgang Hug, Von der Poesie des Glaubens, Verlag Herder, Freiburg 2016 . . . . H. 3, S. 61
MÜLLER, PETRA: Josef Pep, Weichen stellen – Inspirationen für eine selbstbestimmte dritte Lebenshälfte, Patmos Verlag, Ostfildern 2016. . . . . H. 3, S. 61
MÜLLER, PETRA: Ilse-Dore Seidel (Hg.), Ab ins Gelände! – 50 Gelände- und Stadtspiele für Jugendliche,
    Neukirchener Verlagsgesellschaft, Neukirchen-Vluyn 2016 . . . . H. 3, S. 61
MÜLLER, PETRA: Andere Orte, Andere Zeiten e.V., Hamburg 2017 . . . . H. 4, S. 61
MÜLLER, PETRA: Anselm Grün, Neu beginnen 2018, Vier-Türme-Verlag, Münsterschwarzach 2017 . . . . H. 4, S. 61
MÜLLER, PETRA: Anselm Grün, Momente des Glücks 2018, Vier-Türme-Verlag, Münsterschwarzach 2017 . . . . H. 4, S. 61
MÜLLER, PETRA: Georg Magirius, Einfach freuen – 24 Momente gegen die Rastlosigkeit, Echter Verlag, Würzburg 2017 . . . . H. 4, S. 61
MÜLLER, PETRA: Ulrich Walter, Martin Luther mit dem Friedenskreuz erzählt, Verlag Junge Gemeinde, Leinfelden-Echterdingen 2017 . . . . . H. 4, S. 61

GEMEINDEPÄDAGOGISCHES FORUM
BÜTTNER, GERHARD: Christenlehre als „Andersort" . . . . H. 4, S. 59
LASCH, CHRISTOPH: Fremd werden in vertrauter Umgebung – wenn Fremdes bedrohlich wird.
    Erfahrungen und Perspektiven aus pastoralpsychologischer Arbeit . . . . H. 1, S. 65
MAIER, CHRISTOPH: Fremdheit durch Paradigmenwechsel. . . . . H. 2, S. 60
PIROTH, NICOLE: »Im Idealfall werde ich an der Schnittstelle von Kirche und Gesellschaft arbeiten.«
    Studienerfahrungen und Berufsvorstellungen am Ende eines Studiums der Religions- und Gemeindepädagogik . . . . H. 3, S. 57

AUTOREN

Aldenhoff-Artz, Angelika . .	H. 2, S. 44–45	
Arndt, Timotheus	H. 1, S. 26–27	
Auernhammer, Ingrid	H. 3, S. 20–23	
Barkowski, Marlies	H. 4, S. 14–15	
Bergt, Elke	H. 4, S. 23–24	
Bethge, Clemens W..	H. 4, S. 4	
Blaszcyk, Sabine.	H. 4, S. 35–36	
Bogendörfer, Monika	H. 4, S. 18	
Bosse-Huber, Petra	H. 1, S. 4–5	
Bracharz, Franziska	H. 2, S. 49–50	
Büttner, Gerhard	H. 4, S. 59	
Carstens-Kant, Simone . . .	H. 2, S. 56–57	
Charbonnier, Lars	H. 1, S. 68	
. . . .	H. 2, S. 66	
. . . .	H. 3, S. 63–64	
. . . .	H. 4, S. 63–64	
. . . .	H. 4, S. 27	
Donner, Catja	H. 2, S. 14–17	
Doyé, Thomas.	H. 4, S. 55–56	
Dressler, Bernhard.	H. 3, S. 15–17	
Drogat, Dominik	H. 2, S. 6–7	
Egler-Köksal, Gisela	H. 1, S. 23–25	
Enger, Philipp	H. 1, S. 6–8	
Felsenstein-Roßberg, Andrea	H. 4, S. 45–47	
Fried, Hagen	H. 4, S. 28–29	
Gloge, Philipp.	H. 4, S. 25–26	
Gniewoß, Ute	H. 4, S. 39–40	
Goetze, Andreas	H. 4, S. 38	
Graffam, Philip	H. 2, S. 22–23	
Griebel, Ortrun	H. 1, S. 28–29	
Grolle, Anja	H. 2, S. 46–48	
Häger-Hoffmann, Carola . .	H. 4, S. 37	
Hahn, Uwe	H. 4, S. 5	
. . . .	H. 4, S. 41	
. . . .	H. 3, S. 49	
Hanisch, Claudia	H. 3, S. 52–53	
Hergt, Martina	H. 2, S. 26–28	
Hühler, Barbara	H. 3, S. 50–51	

Jakubek, Ulrich	H. 3, S. 24–25	
Jamal, Helgard	H. 1, S. 47–50	
Kaupp, Steffen	H. 1, S. 62–64	
Keil, Annelie	H. 3, S. 30–31	
Keßler, Hildrun	H. 3, S. 4–5	
Klie, Thomas	H. 2, S. 4–5	
Klingert, Sabine	H. 1, S. 12–14	
Knutzen, Christiane . . .	H. 2, S. 18–19	
Krafcick, Marit	H. 2, S. 24–25	
Kretzschmar, Gerald. . .	H. 1, S. 15–17	
Kühn, Claudia	H. 2, S. 20–21	
Kunze-Beiküfner, Angela . .	H. 2, S. 51–52	
Kutzner, Hans-Jürgen . .	H. 4, S. 42–44	
Lange, Wolfgang	H. 2, S. 33–35	
. . . .	H. 3, S. 18–19	
Langguth, Tabea	H. 4, S. 9–10	
Lasch, Christoph	H. 1, S. 65	
Leder, Volkhard	H. 1, S. 40–41	
Lemke, Bettina G.. . . .	H. 2, S. 53–55	
Leonhardi, Angelika . . .	H. 2, S. 40–43	
Lindow, Dorothea	H. 1, S. 30–31	
Luthe, Swantje	H. 4, S. 19–20	
Macht, Siegfried	H. 2, S. 29–30	
Maier, Christoph	H. 2, S. 60	
Merle, Kristin	H. 4, S. 19–20	
Messing, Silke H.. . . .	3, S. 52–53	
Meyknecht Werner	H. 4, S. 21–22	
Müller, Karsten	H. 3, S. 47–48	
Müller, Petra	H. 1, S. 32–34	
. . . .	H. 1, S. 55	
. . . .	H. 2, S. 63	
. . . .	H. 3, S. 45–46	
. . . .	H. 3, S. 61	
. . . .	H. 4, S. 61	
Nell, Karin.	H. 3, S. 36–37	
Neumann, Robert	H. 4, S. 16–17	
Oelmann, Burkhard . . .	H. 1, S. 51–52	
. . . .	H. 2, S. 58–59	
. . . .	H. 3, S. 42–43	
Oesselmann, Dirk	H. 1, S. 59–61	

Perlick, Thomas	H. 1, S. 20–21	
. . . .	H. 3, S. 6–8	
Petzoldt, Tobias	H. 3, S. 34–35	
Piontek, Ingrid	H. 3, S. 27–29	
. . . .	H. 3, S. 55–56	
Piroth, Nicole	H. 3, S. 57	
Reuter, Thomas	H. 3, S. 54	
Ringer, Beatrice	H. 2, S. 36–39	
Schäfer, Ann-Sophie. . .	H. 1, S. 9–11	
Schindler, Wolfgang. . .	H. 3, S. 20–23	
Schmidt, Angelika. . . .	H. 1, S. 18–19	
Schneider, Dorothee . . .	H. 1, S. 42–43	
Schneider, Katharina . .	H. 3, S. 38–39	
Schnell, Tatjana	H. 3, S. 12–14	
Schulmeister, Niko. . . .	H. 4, S. 33–34	
Schulze, Jan	H. 2, S. 8–9	
Spenn, Matthias.	H. 1, S. 3	
. . . .	H. 2, S. 3	
. . . .	H. 2, S. 11–13	
. . . .	H. 3, S. 3	
. . . .	H. 4, S. 3	
. . . .	H. 4, S. 48–50	
Steffen, Markus	H. 2, S. 11–13	
Steffenhagen, Detlef . .	H. 2, S. 31–32	
Stiebler, Sina	H. 4, S. 11–13	
Thunig, Oliver	H. 2, S. 14–17	
Tokarski, Irene	H. 1, S. 44–46	
Ursel, Christine	H. 1, S. 35–36	
. . . .	H. 3, S. 40–41	
. . . .	H. 4, S. 30	
Wachtmann, Antje . . .	H. 4, S. 31–32	
Walter, Ulrich	H. 4, S. 51–53	
Weber, Ekkehard	H. 1, S. 53	
Wünsche, Matthias . . .	H. 4, S. 57–58	
Zarnow, Christopher . . .	H. 4, S. 6–8	
Zeeh-Silva, Brigitte: . .	H. 4, S. 54	
Ziefle, Joachim	H. 3, S. 36–37	
Zimmerling, Peter	H. 3, S. 9–11	

Die Zeitschrift »Praxis Gemeindepädagogik« (PGP) erscheint in der Evangelische Verlagsanstalt Leipzig.
© EVANGELISCHE VERLAGSANSTALT GMBH: Blumenstraße 76, 04155 Leipzig; www.eva–leipzig.de
Aboservice und Vertrieb: Christine Herrmann, Telefon 0341/7114122, E-Mail <herrmann@eva–leipzig.de>

»Die höchste Kunst ist es, Feste zu feiern.«

(J. W. von Goethe)

Fabian Vogt
FEIER die TAGE
Das kleine Handbuch der christlichen Feste
144 Seiten | 13,5 × 19 cm
Paperback
EUR 10,00 [D]
ISBN 978-3-374-05309-4

Schon immer feiern Menschen das Leben – und Gott. Mit aller Leidenschaft. So entstand nach und nach der große Jahreskreis der Feste: von der Geburt an Weihnachten über den Neuanfang an Ostern bis zur Hoffnung, die über den Tod hinausreicht, am Ewigkeitssonntag.

Auf höchst unterhaltsame Weise zeigt Fabian Vogt, wie die zeitlose Kraft der christlichen Feste es ermöglicht, das Leben auch heute mit allen Sinnen zu feiern. Ein ungemein anregendes Lesevergnügen!

Kapitel des Buches:

Von der Entdeckung der Liebe
Rund um Weihnachten

Von der Schönheit des Neuanfangs
Rund um Ostern

Von der Kraft des Miteinanders
Rund um die Gemeinschaft

Vom Glanz der Ewigkeit
Rund um die Hoffnung

EVANGELISCHE VERLAGSANSTALT
Leipzig   www.eva-leipzig.de   f facebook.com/eva.leipzig

Bestell-Telefon 0341 7114144 · Fax 0341 7114150 · shop@eva-leipzig.de

Geschenkideen zur Konfirmation

Christiane Thiel
Große Fragen. Kleine Antworten.
Das Konfi-Buch
80 Seiten | 18 × 16 cm | zahlr. farb. Abb.
Hardcover
EUR 13,00 [D]
ISBN 978-3-96038-047-4

Konfirmanden sind in einem Lebensalter, in dem vieles hinterfragt wird: vom Sinn des Lebens über Fragen nach Gut und Böse bis hin zu Glaubensdingen. Christiane Thiel hat »echte« Fragen Jugendlicher zusammengetragen und gibt kurze, nachdenkliche Antwortimpulse dazu. Das ideale Geschenkbuch zur Konfirmation – nah an der Lebenswelt Jugendlicher, anregend und in hochwertiger Ausstattung.

Helme Heine
Wie der Fußball in die Welt kam
64 Seiten | 13 × 21 cm | zahlr. Abb.
Hardcover
EUR 12,00 [D]
ISBN 978-3-96038-129-7

Wer hätte es gedacht: Der Ursprung des Fußballspiels ist ... natürlich: paradiesisch. Um die Menschen vom Irrglauben zu befreien, auf einer Scheibe zu leben, wirft der Allmächtige seinen selbst-gebastelten Globus auf die Erde. Adam beginnt zu kicken und schon bald gerät die paradiesische Ruhe aus den Fugen. Ein wunderbar witziges und vom Autor selbst charmant illustriertes Buch darüber, wie der Fußball auf die Welt kam.

 EVANGELISCHE VERLAGSANSTALT
Leipzig   www.eva-leipzig.de   facebook.com/eva.leipzig

Bestell-Telefon 0341 711 41 44 · Fax 0341 711 41 50 · shop@eva-leipzig.de

Idiolektik –

Mit der Eigensprache in die Welt des anderen eintreten

Christa Olbrich

Der Idiolekt ist die Eigensprache. Sie ist die Gesamtheit der verbalen und nonverbalen Ausdrucksmöglichkeiten eines Menschen und seiner ihm eigenen Bedeutungen (Poimann 2008), vergleichbar mit einem sprachlichen Fingerabdruck. Versteht man diesen zu lesen und gelingt es diese eigensprachliche Dimension des anderen Menschen aufzugreifen, so ist es faszinierend, wie das Gespräch fließt. Vertrauen und Resonanz entstehen, Gedanken und Lösungen entwickeln sich mühelos, Lernen und Entwicklung geschieht. Allerdings ist eine entsprechende Haltung und Methode Voraussetzung, um diese kommunikative Kompetenz zu erreichen.

Haltung

Zieloffenheit: Das Ziel des Gespräches wird ausschließlich vom anderen bestimmt. Wir geben nicht vor, was der andere denken oder wie er handeln soll. Wir stellen uns mit aller Aufmerksamkeit auf die Äußerungen der Person ein und nehmen unsere eigenen Gedanken zurück. Das heißt, die eigenen Hypothesen treten zurück. Durch diese Zieloffenheit spürt der andere, dass er nicht beeinflusst wird, er gewinnt Vertrauen. Damit wird es ihm möglich, offen für neue Informationen und Veränderungen zu sein.

Kompromisslose Anerkennung der Sichtweise des anderen: Man nimmt alle Aussagen ohne jegliche Wertung an. Das heißt nicht, dass man auch der gleichen Meinung ist, man akzeptiert diese jedoch beim anderen. Damit ist nicht nur eine Wertfreiheit gemeint, sondern darüber hinaus auch eine Wertschätzung. Wird das erfahren, so können Ressourcen und Potentiale frei werden, die Person fühlt sich sicherer und kann von da heraus in ihren Gedanken und Lösungen weiter gehen.

Die innere Weisheit oder das Selbstorganisationsprinzip sorgt unter gegebenen Umständen für optimale Verhaltensweisen. Idiolektiker erkennen als einzige Kraft der Veränderung die dem Menschen innewohnende Selbstorganisation (Bindernagel 2010). Kann man dieses Verständnis in seiner eigenen Haltung annehmen, so verändert sich der Umgang mit anderen Menschen. Man entwickelt mehr Achtung, überdenkt die Grenzen in seiner Verantwortung. Damit wird manche Situation entlastet. Fallen Forderungen wie z. B. „man sollte" weg, so entsteht ein Freiraum, in dem sich ethische Einsichten autonom und von innen heraus entwickeln.

Methode

Fragen werden einfach, kurz und offen gestellt. Das ist nicht leicht, denn wir formulieren meistens unsere Fragen aus unseren eigenen Gedanken heraus. Eine offene Frage bedeutet, dass der andere sehr weit antworten kann und nicht durch eine geschlossene Frage eingeengt wird. Diese Fragetechnik unterscheidet sich von allen Konzepten der Gesprächsführung durch ihre am geringsten beeinflussende oder manipulierende Weise. Personen, die so gefragt werden, erleben das als sehr angenehm. Fragen werden möglichst konkret gestellt. Ein idiolektisches Gespräch wird nicht rein kognitiv, abstrakt geführt, die Fragen werden auf einer Ebene der sinnlichen Erfahrung gestellt. Was sieht man, was hört man, wie ist das, wenn man es anfasst. Neurophysiologisch wissen wir heute, dass alle Bereiche des Gehirns miteinander vernetzt sind und Menschen somit neue Verknüpfungen herstellen, die unerwartete kreative Erkenntnisse zutage bringen. Assoziationen und Zusammenhänge werden gerade im Lernprozess gefördert (Poimann, Ehrat 2010).

Wir achten auf Schlüsselwörter, das sind Wörter, die wiederholt werden, aus dem Kontext fallen oder in irgendeiner Weise hervortreten. Wir nehmen an, dass sie für diese Person eine besondere Bedeutung haben. Sie werden in der genau gleichen Formulierung aufgegriffen. Schlüsselwörter führen oft zu den wesentlichen Themen. Im Gesprächsverlauf treten manchmal Metaphern und Bilder auf. Gelingt →

es in ein Bild einzutauchen, so eröffnet sich die Welt des anderen. Wir können „im Bild" bleiben und erfahren in vielfältiger weise aus dem Leben der Person. Die Bedeutungsinhalte erschließen sich oft dem anderen, müssen jedoch nicht für uns sichtbar sein. Wir begegnen diesen mit Achtung und lassen das Geheimnis beim anderen.

Anwendungsbereiche

Die Idiolektik wurde in den 1970er Jahren von dem Arzt A. Jonas vor dem Hintergrund medizinischer Erfahrungen und anthropologischer Studien entwickelt. 1986 wurde in Würzburg die Gesellschaft für Idiolektik und Gesprächsführung (GIG) gegründet. Die Verbreitung erfolgte zunächst in medizinischen, psychologischen und therapeutischen Berufen. Heute ist sie fest verankert in fast allen Bereichen, in denen Menschen mit Menschen arbeiten. Nicht nur in der Erwachsenenbildung, sondern auch mit Kindern gibt es positive Erfahrungen.

Zu den Arbeitsfeldern Seelsorge, Unterricht und Gemeindepädagogik sowie Führungskonflikte veröffentlicht Klaus Renfordt seine Erfahrungen mit Beispielen (Renford in: Bindernagel, 2010). Mein persönlicher Erfahrungshintergrund ist die Pädagogik. Hier ist die idiolektische Haltung und Methode die Grundlage meiner Lehrtätigkeit in Seminaren und Lehraufträgen im Rahmen der Pflegewissenschaft. Heute bietet die GIG in Deutschland, Schweiz und Österreich ein reichhaltiges Angebot an Tagungen und Seminaren an.

Beispiel aus der klinischen Seelsorge

Vor dem Besuch wird mir berichtet, dass die Patientin sehr ablehnend sei und keinen Kontakt will.

Ich: Fr. A., wie geht es Ihnen?
Fr. A: Wie soll es mir schon gehen.
(sie schaut aus dem Fenster, ich halte das Schweigen aus)
Ich: Was sehen sie draußen?
Fr. A: Den Himmel und die Wolken.
Man müsste auf Wolken schweben können. (Metapher)
Ich: Wie wäre es, auf einer Wolke zu schweben.
Fr. A: Dann wäre alles ganz leicht, man hätte keine Schmerzen und keine Sorgen.
Ich: Wie wäre es, wenn alles ganz leicht wäre.
Fr. A: Ja, früher war das …
(sie erzählt von früher, ihr Gesicht wird offener, sie schaut mich an und wirkt entspannter)
Als ich eine Woche später zu ihr komme, erzählt sie mir spontan viel von ihrer Tochter und den Sorgen in der Familie. Zu erkennen ist in diesem Beispiel, dass das Aufgreifen der Metapher zu den eigentlichen Themen führt, das Aufgreifen einer vermeintlichen Ressource (positive Erinnerungen an früher) lassen das Gespräch fließen. Mehr Wohlbefinden wird möglich und Beziehung kann entstehen.

Beispiel aus meiner pädagogischen Beratung

Eine Studentin kommt zu mir, weil sie sich nicht für ein Thema für ihre Diplomarbeit entscheiden kann.

Fr. B: Ich muss demnächst das Thema abgeben.
Ich: Welches Thema möchten sie denn bearbeiten?
Fr. B: Das ist ja gerade das Problem, dass ich das nicht weiß. (Wir reden eine Weile und drehen uns im Kreis)
Ich: Ich mache ihnen das Angebot eines idiolektischen Gespräches (Sie kennt die Idiolektik aus meiner Lehrveranstaltung).
Ich: Erzählen sie mir.
Fr. B: Ja, was soll ich sagen?
Ich: Was ihnen so im Kopf herum geht.
Fr. B: Das Semester ist zu Ende, dann lasse ich die Diplomarbeit liegen und plane mit meinem Freund schöne Ferien.
Ich: Was planen sie denn.
Fr. B: Wir fahren nach … (sie erzählt von dem Land)
Plötzlich hält sie inne, lacht und sagt: Wie leicht einem doch das Thema zufällt.

An diesem Beispiel ist zu sehen, dass ein Gespräch, rein rational geführt, stockt. Die Idiolektik wirkt auf einer Ebene, auf der intuitiv mit der inneren Weisheit plötzlich Erkenntnisse aufscheinen können. Um den Wert der Idiolektik zu erkennen, bedarf es etwas Theorie, jedoch erst im direkten Gespräch zeigt sich, wie miteinander lehren, lernen und verstehen lebendig wird.

Literatur:

Bindernagel, D./Krüger/E., Rentel, T./Winkler, P. (2010): Schlüsselworte. Heidelberg, Carl-Auer.

Poimann H./Ehrat, H. H, (2010): Idiolektik Reader. Würzburg, Hutenscher Verlag 507.

Poimann, H. (2008): Vier Ebenen der Idiolektik. Würzburg, Hutenscher Verlag 507

Olbrich, Chr. (2013): Pflege und Sprache in: PADUA, Fachzeitschrift für Pflegepädagogik. Bern, Huber/Hogrefe (4): 204–210.

Homepage: www.idiolektik.de – Gesellschaft für Idiolektik und Gesprächsführung, Würzburg.

Christa Olbrich, Dr. phil., ist emeritierte Professorin an der Kath. Hochschule Mainz, Krankenschwester, Dipl. Pädagogin, Supervisorin und Dozentin für Idiolektik.

Drei Bereiche der Kommunikation

Dialog
**Ein Pfeil von A nach B und ein Pfeil von B nach A:
Der gemeinsame Austausch auf gleicher Ebene**

Rhetorik
Hier geht die Information von A nach B.

Idiolektik
Hier geht die Information von B nach A.

**Kommunikative Kompetenz zeigt sich im Wissen und Können in allen drei
Bereichen – auch mit der Bewusstheit, welche Elemente wann und in welcher
Situation sinnvoll sind.**

Schweigen ist Gold

Spiritualität der Stille in Schweigeexerzitien erfahren

Johannes Tebbe

„Meine Kollegen aus der IT-Abteilung haben laut gelacht, als ich ihnen von meinem Vorhaben erzählte, für ein paar Tage zum Schweigen ins Kloster zu gehen." Der junge Mann, der in der Firma alles andere als ein stiller Vertreter seiner Zunft ist, lächelt verschmitzt. Seine gelungene Provokation, die neben der spontan entstandenen Heiterkeit im Büro später auch Neugierde und etwas Neid unter seinen gestressten Kollegen ausgelöst hat, macht ihm sichtlich Freude. Aber dann wird sein Gesicht wieder ernster. „So leicht ist das gar nicht mit dem Schweigen. Ich kann zwar für einen Moment die Klappe halten, aber still wird es trotzdem nicht in mir."

Der Klostergast hat den Nagel auf den Kopf getroffen. Der Unterschied zwischen dem bloßen Versuch, kein Wort über die Lippen kommen zu lassen und einer inneren Haltung des Schweigens ist groß. Er ist vielleicht zu vergleichen mit einer Situation in der man sich anschweigt und einer, in der man miteinander schweigt. Beim Schweigen geht es um mehr als um das, was wir in einer schönen kindlichen Pantomime ausdrücken wollen: wenn wir den Mund mit einem unsichtbaren Schlüssel verschließen und diesen anschließend, absichtlich umständlich, in der Hosentasche verschwinden lassen. Der Verzicht auf eigene akustisch vernehmbare Worte ist lediglich eine günstige Vorbereitung und Voraussetzung und nicht mit dem Schweigen identisch, welches wir im Rahmen von Exerzitien oder Besinnungstagen üben und erfahren möchten. Wenn die äußeren Rahmenbedingungen gegeben sind, merken wir, dass es da noch mehr geben muss – mehr als das Lassen von Worten und Sätzen. Es muss noch mehr geben, weil unsere Sehnsucht danach verlangt – unsere Sehnsucht nach tiefer innerer Stille. Die äußerliche Stille während der Exerzitien lässt uns den Lärm in unserem Inneren deutlicher wahrnehmen. Genau dies ist der Punkt, an dem viele merken, dass es sich beim Schweigen auch um eine innere Haltung handeln muss. Das was wir dann als inneren Lärm empfinden, als Unruhe und Ablenkungen, sind unsere Gedanken, die wir sonst im Alltag kaum bewusst wahrnehmen. Gedanken über die Zukunft, die Vergangenheit, lebensprägende Ereignisse und noch viel häufiger über sinnlos erscheinende Nebensächlichkeiten oder tausendmal Durchdachtes.

Erst kürzlich habe ich das wieder in meinen regelmäßigen kontemplativen Exerzitien erfahren „dürfen". Ich freute mich schon Wochen vorher auf diese zehn Tage der Einkehr. Ich kam gut am Ort meiner Sehnsucht an, genoss das Ambiente, die äußere Stille, die Natur und vor allem die Entlastung durch das Freisein von den alltäglichen Verpflichtungen, der Verantwortung und dem äußeren Druck. Ich freute mich auf lange Zeiten des Gebetes und der Meditation. Mit Beginn des dritten Tages begleitete mich jedoch ein gewaltiger Gedankenstrom, der nur von kurzen Momenten unterbrochen wurde. Selten habe ich die Macht meiner Gedanken so stark empfunden wie in diesen Exerzitien. Die empfohlene Übung, meine Aufmerksamkeit auf die Wahrnehmung des Atems, der Handinnenflächen und auf das Gebetswort zu richten, wurde torpediert durch die gedankliche Verarbeitung von Geschehenem, Pläneschmieden und phantasievolles Abschweifen in utopische Sphären. Mir war das alles nicht unbekannt, aber nach all den Jahren der Übung war ich von dieser Dimension des inneren Geplappers, um es vorsichtig auszudrücken, überrascht. Diese Erfahrung des inneren Nicht-Schweigens feuerte mehr und mehr meine Gedanken an, die nun Gründe für dieses Phänomen suchten und mein Erleben ständig kommentierten: „Jetzt denkst du gerade wieder!" „Jetzt denkst du gerade nicht, oder doch!?" „Woher kommt das denn nun schon wieder?" „Was möchte mir diese Unruhe nun eigentlich sagen?" Ein guter Exerzitienbegleiter gibt dann in den regelmäßigen Einzelgesprächen den wichtigen Hinweis, dass es nicht darauf ankommt die Ursachen für bestimmte Gefühle oder Gedanken zu ergründen. Es kommt einzig auf die Entschiedenheit an, die Aufmerksamkeit auf die Gegenwart auszurichten; immer dann wieder zurückzukehren, wenn mir bewusst wird, dass ich mich wieder an Gedanken gehängt habe.

Durch das Üben des schweigenden, stillen Gebetes wird mir immer wieder deutlich, wie häufig ich mich im Alltag meinen Gedanken hingebe ohne mich bewusst dafür entschieden zu haben. Manchmal frage ich mich dann, woher gerade dieses Gefühl der Niedergeschlagenheit oder des Gehetztseins kommt. Dann stelle ich fest, dass es mit entsprechenden vorher vollzogenen Gedanken im Zusammenhang steht oder umgekehrt. Auch in den Exerzitien merke ich, dass unter den vielen Gedanken bestimmte Gefühle liegen. Aber all dies möchte ich gar nicht gerne haben, weil es mich ablenkt, weil ich eine andere Vorstellung von Meditation habe. In den geistlichen Übungen geht es immer auch darum, das da sein zu lassen, was da ist. Von daher hilft ein Verdrängen des Gefühls oder ein innerer Kampf gegen die Gedanken nicht weiter. „Das, was wir bekämpfen, bekommt unweigerlich meine Aufmerksamkeit und Energie", hat mal ein kluger Mensch gesagt. Die Gefühle oder Gedanken nicht zu erlauben bewirkt also das Gegenteil: sie werden noch mächtiger. Es kommt jetzt darauf an, mir der inneren Vorgänge bewusst zu werden: anzuerkennen, dass die Gefühlsregungen und Gedankenketten nun da sind, wahrzunehmen, wie sie in mir wirken, und mich dann wieder von ihnen zu lösen, indem ich sie dort lasse, wo sie sind, und ich meine Aufmerksamkeit wieder entschieden und vertrauensvoll auf die Gegenwart ausrichte. Auf die Gegenwart, in der Gott wirkt, die Gott ist und in der ich bin – auch wenn dies möglicherweise nur für die nächsten zwei

oder drei Atemzüge gelingen wird. Der Mystiker Franz von Sales sagt: „Wenn dein Herz wandert oder leidet, bring es behutsam an seinen Platz zurück und versetze es sanft in die Gegenwart Gottes. Und selbst, wenn du in deinem Leben nichts getan hast, außer dein Herz zurückzubringen und wieder in die Gegenwart Gottes zu versetzen, obwohl es jedes Mal wieder fortlief, nachdem du es zurückgeholt hattest, dann hast du dein Leben wohl erfüllt."

In den Exerzitien üben wir, den eigenen Willen aufzugeben und uns auf den Willen Gottes einzulassen. Unsere Gewohnheit etwas erreichen zu wollen, etwas haben oder etwas sein zu wollen wird hier konfrontiert mit der Haltung Jesu, die er betend im Garten von Getsemani ausdrückt: „Nicht mein, sondern Dein Wille geschehe" (Lk 22,42). Dieses drei-

fache Etwas, von dem Johannes Tauler spricht, bedrängt uns im Schweigen und kann selbst erst zum Schweigen kommen, wenn wir in die hingebende Haltung Jesu kommen. „Wenn der Mensch in der Übung der inneren Einkehr steht, hat das menschliche Ich für sich selbst nichts. Das Ich hätte gerne etwas und es wüsste gerne etwas und es wollte gerne etwas. Bis dieses dreifache ‚Etwas' in ihm stirbt, kommt es den Menschen gar sauer an. Das geht nicht an einem Tag und auch nicht in kurzer Zeit. Man muss dabei aushalten, dann wird es zuletzt leicht und lustvoll." Dann ist es unwichtig, ob mir etwas geschenkt wird oder ob ich das Gefühl von Ablenkung habe. Schweigen bedeutet in den Exerzitien, das Kontrollieren, Handeln und Wollen loszulassen und Gott zu übergeben. Ich überlasse das Steuerrad dem Schöpfer, der in mir wirken will und lasse es geschehen. Mein Wille kommt zum Schwei-

gen und der Wille Gottes wird hörbarer und wirksam.

In diesen Augenblicken zeigt sich die Stille, nach der ich mich sehne, vielleicht als ein Angekommensein. Das Schweigen der Lippen, der Gedanken und des Willens ist die Vorbereitung auf die Berührung mit dem goldenen Urgrund des Lebens: Gottes lebendige Gegenwart. Dies zu erfahren ist reines Geschenk (Gnade). So, wie es der Klostergast am Ende seines mehr oder weniger schweigenden Aufenthaltes berichtet: „Ich stand am Rand der Weide; neben mir ein Pferd, das unglaublich viel Ruhe ausstrahlte. Diese Ruhe spürte ich plötzlich in mir und ich konnte einfach da sein, ohne etwas anderes zu wollen. Es war unglaublich still und schön. Ich fühlte mich mit Gott und allem verbunden. Ich war einfach nur da."

Br. Johannes Tebbe OSB ist Prior des Klosters Nütschau. Er leitet das dortige Jugendhaus und ist als Supervisor tätig.

GEBÄRDENSPRACHE SMALL TALK

Andreas Konrath

Hallo!   Ich?   M-A-R-I-A,   Gebärde: „Locke" <Maria>

So oder so ähnlich könnte Ihr „smalltalk" mit Gebärdensprachenutzenden beginnen. Es ist schwer zu beschreiben, wie das aussehen kann, weil Gebärdensprache dreidimensional UND sukzessiv ist: Höhe, Länge und Breite des Gebärdenraumes werden für Bewegungsabläufe genutzt, die sich mit einzelnen Bildern kaum wiedergeben lassen. Deshalb sind Videos so beliebt: Tutorials, Lexika, Grundkurse und vieles mehr sind inzwischen im Internet (siehe Kasten) zu finden. Doch welcher Dialekt wird in meiner Region benutzt? Und ist das Jugend-Slang oder Vortragssprache? Das zeigt Ihnen am besten jemand, der oder die Gebärden als Muttersprache nutzt: ein Gehörlosen- oder Gebärdensprach-Verein in der Nähe, der Landesverband oder auch die Gehörlosengemeinde (gehoerlosengemeinde.de/gemeinden.html) freuen sich über das Interesse und auf Ihre Anfrage.

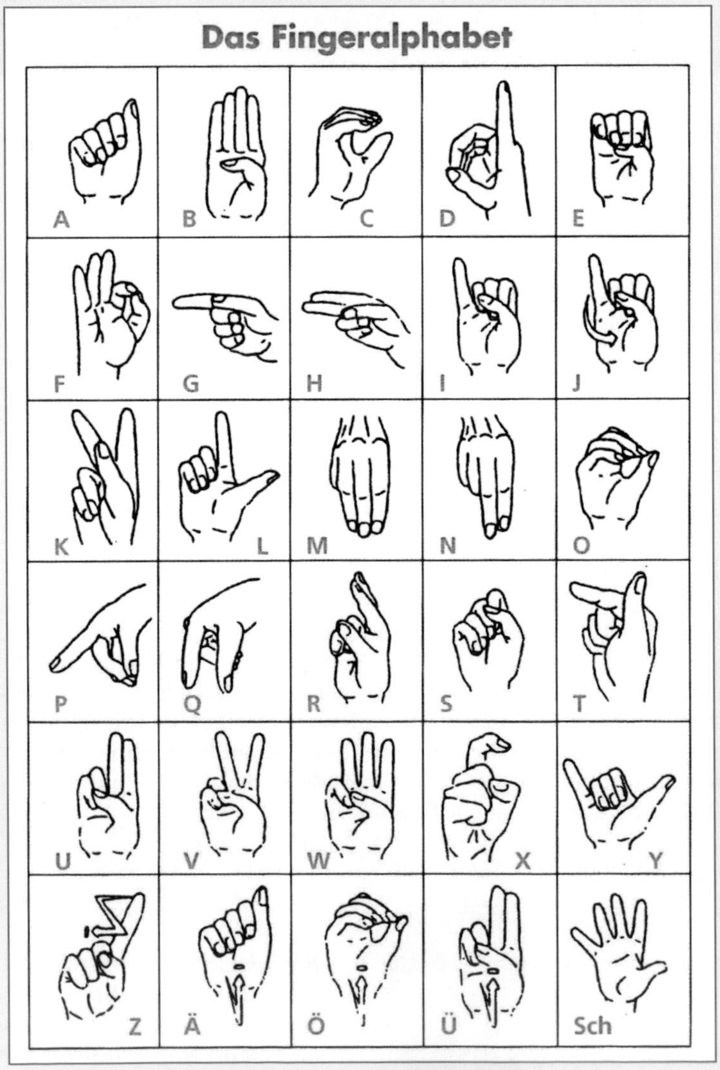

Das Fingeralphabet

Fingeralphabet-Infokarte vom Landesverband Bayern der Gehörlosen e.V.,
CC-BY-SA 4.0 commons.wikipedia.org

Die Deutsche Gebärdensprache (DGS) ist eine vollwertige Sprache. Sie ist als Landessprache von anderen unterschieden und reich an regionalen bzw. zeitlich geprägten Dialekten. Sie verfügt über eine eigene Grammatik und einen visuellen Wortschatz. Mit ihr lassen sich alle geistigen Konzepte abbilden, die auch von Lautsprachen zu erwarten sind – und sogar ein bisschen mehr! Die gebärdensprachliche Poesie zum Beispiel kann unbeschreiblich schön wie Musik sein und der Humor spricht einfach für sich selbst – eben visuell. Deshalb verstehen sich viele mit Gebärdensprache auch über Landesgrenzen hinweg besser als mit Lautsprachen. Doch die DGS ist nicht zu verwechseln mit der internationalen Gebärdensprache (künstliches Konstrukt für Konferenzen) oder mit Pantomime, sondern sie ist eine eigenständige anerkannte Sprache in Deutschland.

Für einen »smalltalk« in DGS brauchen Sie etwas Vorstellungsvermögen und einen guten Blick für das jeweils Charakteristische: laufen, essen, schlafen usw. ... viele Dinge sind imitatorisch leicht zu erfassen und in so manchen Urlauben bereits praxiserprobt. Andere Begriffe sind konventionell – müssen also „abgemacht" werden: Farben, Materialien, Gegenstände usw. Nicht zuletzt gibt es Idiome ohne lautsprachliche Pendants, die nur umschrieben werden können. Um sie alle in einen sinnvollen Zusammenhang (Grammatik) zu bringen, ist eine virtuelle „Bühne" hilfreich: Hier ist das eine und da das andere und dann passiert eine Handlung – wie Subjekt, Objekt und Prädikat. Zeitangaben werden vorangestellt und Ortsangaben in Verbindung mit der Handlung gebracht:

Morgen   ich   Kirche   besuche

Im „smalltalk" verkörpern wir selbst die Akteure: „ich" zeige auf mich und auf eine andere Person („du") mit bzw. ohne Augenkontakt („diese", „dieser") und führe die Handlung in der jeweiligen Rolle aus. Dabei ist die Mimik für die Satzzeichen am Schluss wichtig: eine W-Frage (wann, wer, wo, was etc.) sieht anders aus als ein Ausrufezeichen (los!) – vor allem bei den Augenbrauen. Am Anfang sollten aber lieber Ja/Nein-Fragen stehen, weil die Antworten leichter zu erfassen sind. Ob die Kommunikation gelingt, entscheidet sich, wenn eine Reaktion erfolgt.

ja   nein   wo? was?   Wann?   wer?

Für den „smalltalk" bei einer Gemeindeveranstaltung bieten sich solche Sätze an:

herzlich   willkommen   in der Kirche

schön   Du/Sie   hier   kommen

Gerade bei den ersten Begegnungen mit Gebärdensprache hilft oft diese Bitte:

bitte   langsamer   gebärden   aufschreiben

Nicht zuletzt sollte man auf solche Fragen vorbereitet sein:

Verzeihung   Toilette?   danke   tschüss

Fragen und Antworten

Was ist gehörlos?
Als gehörlos werden Personen bezeichnet, die nicht hören und vorwiegend in Gebärdensprache kommunizieren. Es gibt also 2 Definitionen! Die medizinische Sicht sieht ein Defizit, das „geheilt" oder beseitigt werden muss. Die soziologische Sicht erkennt eine sprachliche Minderheit mit eigener Kultur, Poesie usw., die geschützt werden muss. Die meisten Gehörlosen leben am liebsten in ihrer Welt. Mit Hörenden müssen sie sprechen, obwohl die Kontrolle fehlt. Für Außenstehende klingt ihre Sprechweise daher oft fremd. Außerdem benutzen sie dann eine Fremdsprache – wie wir beim Englischen.

Wie viele Gehörlose gibt es?
Etwa 25 % der Bevölkerung sind hörgeschädigt – in mehreren Abstufungen. Es gibt auch Schätzungen mit höheren Zahlen. Aufgrund der hohen Lärmverschmutzung unserer Umwelt wird befürchtet, dass die Zahl der Hörgeschädigten zunehmen wird. Die Zahl der Gehörlosen ist wesentlich geringer. Man geht von →

etwa 1/1000 der Bevölkerung aus. In der Nähe von Angeboten für Gehörlose wird die Zahl höher sein, in ländlichen Gegenden eher geringer. Die Tendenz ist auf Grund der medizinischen Versorgung eher abnehmend. Die Zahl derer, die Gebärden benutzen, wächst aber – und zwar mit unterschiedlichem Hörstatus.

Sind Taube stumm?

Auch wenn die Aussprache undeutlich ist – „stumm" sind Gehörlose nicht und deshalb auch nicht „taubstumm". Diesen Begriff empfinden Gehörlose sogar als Beleidigung und Hörende sollten ihn daher nicht verwenden. Er steht zwar immer wieder in Zeitungen und viele Ärzte benutzen ihn, doch das zeigt nur, wie wenig wir Hörenden über Gehörlose wissen. Sagen Sie besser „gehörlos". Auch das Wort „taub" wird von vielen Gehörlosen akzeptiert, manche bevorzugen es sogar, weil es nicht die Gehör-„losigkeit" betont. Sie übernehmen dabei einen Begriff aus dem Amerikanischen: „Deaf" (groß geschrieben) und drücken damit ihren Stolz auf die Gebärdensprachgemeinschaft aus.

Leiden Taube an ihrer Taubheit?

Nein. Die meisten empfinden ihr Leben ohne Geräusche als ganz normal. Sie haben niemals Musik oder Stimmen gehört und vermissen sie darum nicht. Taube leiden aber an der begrenzten Kommunikation mit Hörenden. Lippenlesen ist anstrengend und gesprochenes bzw. geschriebenes Deutsch ist für sie eine Fremdsprache. Viel Kommunikation geht an ihnen vorbei. Eine Feier mit hörenden Verwandten ist oft anstrengend und immer wieder verletzend. Untereinander fühlen sich Taube unbehindert. Wenn alle Gebärdensprache verwenden, fällt Taubheit/Gehörlosigkeit kaum auf.

Kann man mit Gebärden alles sagen?

Ja, Gebärdensprache ist eine vollwertige und anerkannte Sprache. Man kann mit ihr alles ausdrücken – von Babyzeichen bis hin zu komplexen Aussagen der Medizin oder Philosophie. Das heißt aber nicht, dass Gehörlose auch alles verstehen, was gebärdet wird. Die meisten Hörenden würden einen Fachvortrag in Quantenmechanik oder eine theologische Vorlesung auch kaum verstehen – obwohl sie in deutscher Sprache gehalten werden. Dafür braucht man spezielle Bildung. Da in Gehörlosenschulen bisher mehr Sprechen und Absehen statt Gebärden geübt wurde, blieb kaum Zeit für die Lerninhalte. Das sagt jedoch nichts über die Intelligenz von Tauben aus.

Kann man alles von den Lippen lesen?

Nein, kann man nicht. Nur etwa ein Drittel der Laute sind klar erkennbar. Viele Laute werden im Inneren des Mundes gebildet – man kann sie von außen nicht erkennen. Gehörlose und Schwerhörige müssen deshalb viele Wörter erraten: „Faltboot" und „Waldmoos" sehen zum Beispiel genau gleich aus. Daher ist es wichtig, immer zu wissen, wovon gesprochen wird. Themenwechsel können für Betroffene fatale Folgen haben, wenn man sich keinen „Reim" mehr darauf machen kann, was gesagt wird.

Mögen Taube Musik?

„Sie mag Musik nur, wenn sie laut ist" – einfach, aber wahr. Taube spüren bei lauter Musik die Bässe. Vor allem jüngere Gehörlose tanzen gern – zum Beispiel in der Disko. Da kann die Musik nicht laut genug sein, sie verstehen sich trotzdem. Manche Rock- oder Pop-Konzerte werden gedolmetscht. So können Taube die Texte verstehen und die Atmosphäre genießen. Und die Musik ist auf solchen Veranstaltungen eigentlich immer so laut, dass man sie spüren kann. Anders ist das in der Kirche. Orgel- oder Instrumentalmusik hat meist zu wenig „Beat". Und sie ist so leise, dass man sie kaum spürt – für die meisten Gehörlosen daher langweilig.

Dolmetschen – ja oder nein?

Grundsätzlich sollten alle die gleichen Chancen haben, etwas zu verstehen. Dafür ist Dolmetschen (dafeg. de/index.php?menuid=32) die erste Wahl. Gehörlose werden dadurch aber lediglich »informiert«. Sie bleiben „Zaungäste" und werden nicht wirklich einbezogen. Mit ein paar Gebärden jedoch können die Zäune zwischen den Menschen abgebaut und Begegnungen ermöglicht werden. Für solche inklusiven Angebote in Bildung und Gemeindearbeit stehen Ihnen die Beauftragten für Gehörlosenseelsorge bzw. Gebärdensprachliche Verkündigung gern zur Verfügung. Und Sie werden es erleben, welche Bereicherung diese Vielfalt für unsere Gesellschaft und Kirche ist.

Andreas Konrath ist Landespfarrer in Thüringen und für die Seelsorge der EKM für gehörlose Menschen zuständig.

Liturgische Sprache ohne Worte

Paramente im Kirchenraum

Beate Baberske

Wenn Kleidung unsere Hülle ist, die ausdrückt, wie wir uns der Gesellschaft präsentieren, dann ist ein Gotteshaus das Kleid der Gemeinde. Zu oft machen Kirchen aber den Eindruck, als gäbe es kein Gegenüber, für das es sich lohnt, sich gut zu kleiden. Solange Kirchenräume „Rumpelkammern" Gottes sind, solange wird sich der Mensch von heute nicht mit ihnen schmücken wollen. Machen wir sie zum Kleinod, dann schmückt sich jeder gern mit ihm!

Da jeder *Kirchenraum* ein einzigartiger Ort ist, in dem sich Spiritualität mit den Werten der regionalen Gesellschaftskultur auseinandersetzt, bekommt er dadurch immer eine individuelle Prägung. Meine Aufgabe als Paramentikerin sehe ich darin, im Dialog mit der Gemeinde Paramente zu entwerfen, die dem individuellen „Gesicht" des Raumes Würde und Ausstrahlung verleihen. Gemeinsam begeben wir uns auf die Suche nach einer speziellen Ausdrucksform, die es der jeweiligen Gemeinde ermöglicht, sich in ihrem geschichtsträchtigen Raum gegenwarts- und zukunftsorientiert einzuschreiben. Diese intensive Gemeindearbeit führt immer auch zu einer Bewusstmachung der christlichen Tradition und ihrer Werte am konkreten Ort. Erst mit diesem Wissen werden fundierte Entscheidungen möglich, deren Ergebnisse über Jahre Bestand haben, so wie die *Architektur* eines Kirchenraumes und dessen Wirkung auf den Besucher das Ergebnis einer langen Auseinandersetzung mit theologischen wie auch praktischen Anforderungen an den sakralen Raum sind. Er ist damit Ausdruck unserer gegenwärtigen Glaubenskultur wie jedes andere öffentliche oder profane Gebäude ein Ausdruck unserer Kultur ist.

In der Kirche unterscheidet sich die Entscheidungsfindung zur Ausstattung, Instandhaltung und Pflege aber deutlich von allen anderen öffentlichen Gebäuden. Pragmatische Mehrheitsentschei- ➔

dungen machen den Ort unserer Gottesbegegnung zum „Wohnzimmer" der Gemeinde, obwohl er von seiner Bedeutung her eher einem Rathaussaal entspräche und auch so behandelt werden sollte. Unsere kulturelle Erfahrung lehrt uns, dass das Äußere immer Ausdruck für das Innere ist. Der Kirchenraum ist somit der Spiegel der Gemeinde. Sobald ich ihn betrete, lese ich auf Grund meiner Kulturerfahrung ab, welche Struktur die Gemeinde hat und wie authentisch Glaube gelebt wird. (Gibt es Konfirmandenkerzen? Wie viele? Ist der Blumenschmuck angemessen oder Pflanzenbörse aus Wohnzimmern herausgewachsener Lieblinge? Gibt es einen Putzschrank oder steht der Putzeimer neben dem Al-

tar?) Der Andachtsraum in einem christlichen Haus, z. B. im Krankenhaus, Altenheim oder in der Schule, ist einziger sichtbarer und erlebbarer Unterschied zu einer weltlichen Einrichtung mit der gleichen Aufgabe!

Sie dienen einerseits als Schmuck und folgen andererseits den Farben, die durch die Liturgie vorgeschrieben sind. Wie selbstverständlich bleibt das Auge an dem Motiv hängen und beschäftigt sich mit ihm, weil ich als ganzheitlicher Mensch den Gottesdienst mit all meinen Sinnen erlebe. Ich rieche den „Kirchenduft" oder den Weihrauch, höre ganz bewusst Glockenläuten oder Musik und spüre die Energie des Raumes. Mit meinen Augen nehme ich eine räumliche Dimension wahr, die mir sonst nur selten bewusst wird. Meine Bewegungen und Blicke werden auf ein Zentrum gelenkt, das, architektonisch, gestalterisch und durch die sogenannten Antependien (von lat. ante „vor" und pendere „hängen") farbig aus dem Umfeld hervorgehoben wird und die *Wirkung* des Raumes auf den Besucher beeinflusst. Unsere regionale, kulturhistorische Seherfahrung lässt uns mit den Farben Rot, Violett, Grün, Schwarz und Weiß auch bestimmte Ereignisse und Phänomene wie Feuer, Mystik, Wachstum, Trauer und Unschuld verbin-

den. Diese Verknüpfung nutzt die Liturgie, indem sie diese Farben bestimmten Zeiten und Anlässen im Kirchenjahr zuordnet und damit deren Botschaften markiert und vertieft. Sie stimmen auf das ein, was in der Predigt gesprochen und an der Orgel gespielt wird. Mit ihrer Gestaltung holen sie die Feier in das Hier und Jetzt. Bilden ab, was sich die Menschen, denen dieser Ort wichtig ist, gedacht haben, als sie diese Paramente vor Jahrzehnten angeschafft haben. Manchmal begegnet mir der Raum so, dass ein „davor" „hängendes" Stückchen Stoff in all dem anderen Gestaltungswillen untergeht. Es ist schlicht und ergreifend zu klein, um gesehen zu werden, oder muss den Ort, den es eigentlich hervorheben soll, gleichzeitig auch verstecken. Deshalb passe ich nicht nur die Farbnuancen an die Dimension und Sprache des Raumes, an die Theologie, an das Selbstverständnis der Gemeinde, an den Glauben an. Sondern ich variiere die äußere Form und Größe oder lasse, wenn der Ort nicht genutzt wird, ein Antependium weg.

In der katholischen Kirche bewegt sich die Farbe, da sie vom Pfarrer getragen wird. Die Person wird als Mittler zwischen Gott und der Gemeinde durch farbige Gewänder aus ihrem Umfeld hervorgehoben. Infolge der abweichenden

Definition der Pfarrerrolle in der evangelischen Kirche durch den Gründer der Neuendettelsauer Diakonie, Wilhelm Löhe, werden statt der Person die Orte geschmückt: Der Altar als Ort für das Abendmahl und die Kanzel als Ort der Predigt. Der Pfarrer trägt seit 1817 sein schwarzes Amtsgewand und das dazugehörige Beffchen. Inzwischen finden sich in beiden Konfessionen die Spuren der anderen.

Bildersprache, Material und Form der Paramente greifen die Themen der Predigt auf, führen sie in einer anderen Sprache weiter und machen sie visuell für den Gottesdienstbesucher erlebbar. Viele Kirchenbesucher können nur dann die Motive der Antependien benennen, wenn sie zählbar sind: 5 Brote, 5 Öllampen, 7 Flammen, 12 Weintrauben, 63 Körner in den Ähren usw … Eine offen interpretierbare Gestaltung ist wesentlich ergiebiger als eine konkrete. Die Zahl kann schon in der Form, in der Menge der farbigen Markierungen im Raum, in der verwendeten Fläche stecken. Das Motiv ist nicht mehr konkret, sondern wandelt sich mit dem gesprochenen Wort, mit dem Licht, das sich im Laufe des Jahres verändert. Paramente bewegen sich nicht, aber wenn sie nicht immer in der gleichen Größe an derselben Stelle hängen, geschieht Bewegung im Rhythmus des Kirchenjahres. Nach meinem Verständnis sind Paramente die einzigen nicht-statischen Elemente im Raum, die man unmittelbar dem heutigen Selbstverständnis der Gemeinde anpassen kann. Deshalb müssen sie dem Zeitgeist entsprechen, um über den aktuellen Moment hinaus moralisch ästhetisch Bestand zu haben.

Durch ein künstlerisches Projekt im Kirchenraum, welches eine Umgestaltung, Neukonzeption, Farbgestaltung oder neue Paramente beinhaltet, kann ein *Gemeindeprozess* in Gang gesetzt werden. Dieser führt Gemeinde und Pfarrer auf eine gemeinsame Sprachebene. Anhand der konkreten Aufgabe wird es möglich, sich sowohl über Glaubensinhalte als auch über praktische und materielle Aspekte auszutauschen, um einen Konsens zu finden. Das Ergebnis ist der umgestaltete Raum, in dem sich die Mehrheit der Gemeindemitglieder wiederfindet.

Es lohnt sich, die *Sprache der Paramente* in der eigenen Kirche noch einmal neu zu entdecken!

Als *Paramentikerin* setze ich biblische Inhalte in zeitgemäße und zukunftsweisende Gestaltung um. Ich verstehe mich und meine Kunst als Übersetzerin innerhalb der Kirche.

Als *Gestalterin* habe ich den Anspruch, die je nach Auftrag/Projekt optimalen und passenden Medien zu wählen, die den Rezipienten helfen, sich über seinen bzw. den Glauben auszutauschen.

Als *Textilkünstlerin* stelle ich einzigartige, textile Unikate her.

Als *Referentin und Lehrerin* will ich begeistern. Neugier wecken und vermitteln, wie wichtig die Einbeziehung unserer Sinne ist, um Glauben erlebbar zu machen. Wie z. B. Objekte, Farben, Licht, Transparenz, Opazität, Gerüche, Formen, Volumen, Bewegung und Klang im Einklang mit dem gesprochenen Wort wirken können. All dies kommt seit Jahrhunderten in der Liturgie zum Tragen – immer wieder neu und zeitgemäß – so treffen sich in meinem Unterricht Tradition, Geschichte und Gegenwart.

Mein Glaube liefert mir zuverlässig und stetig Themen, die zu immer neuen gestalterischen Lösungen für meine textilen Arbeiten/ Paramente führen.

Beate Baberske ist als Diplomdesignerin Textilkunst (FH) die künstlerische Leiterin der Paramentik der Diakonie Neuendettelsau, der weltweit ältesten Paramentenwerkstatt.

Und worüber reden Sie?

Schätze heben mit der Wertschätzenden Erkundung – Appreciative Inquiry

Christine Ursel

Kaum stehen einige zusammen, wird geredet. Worüber? Meist über Neuigkeiten, Sensationen, Unmöglichkeiten im Verhalten von anderen, Ärger und Frust. Oft enden solche Gespräche in der gemeinsamen Jammerkammer, aus der man schwer wieder raus kommt, oder es verbreiten sich im Anschluss Gerüchte über den Flurfunk von selbst.

Gerade in kirchlichen Kreisen ist eine negative Sicht weit verbreitet, weil gut eingeübt: Auf die Defizite schauen, die Lasten betrachten, ins Misslingen verliebt sein, Bedenken um die Wette tragen, sich über die Bestätigung der eigenen Vorverurteilungen freuen. Woher kommt das? Zum einen vielleicht durch eine Überbetonung der „Sündhaftigkeit des Menschen" – mit einem kritischen Blick auf das Leben und den Lebenswandel, der auf das Versagen und Verzagen, auf Schwäche und Scheitern fokussiert ist. Mit Freude und Stolz auf Erreichtes zu

> Das Schwierigste am Miteinander-Reden ist für viele nicht das Reden, sondern das Zuhören.
> (Ernst Ferstl)

schauen, hat den Nimbus des Unlauteren. Zum anderen wird durch seine Konterkarierung der Kernpunkt des christlichen Glaubens erkennbar: Wertschätzung ist ein Kernmerkmal einer christlichen Haltung und selbst tun wir uns so oft schwer damit. Das ist unsere Achillesverse – gerade an der Stelle, die das Herzstück des eigenen Wertesystems darstellt, haben wir unseren wunden und verletzlichen Punkt.

Ähnliches passiert in Teams, Gruppen, Gremien, Gemeinden, Organisationen – gerade wenn es um Entwicklung und Veränderung geht. Angesetzt wird meist an den Schwächen, den Fehlern und dem Fehlenden – dies soll verringert, ja vermieden werden. Probleme werden identifiziert und Ursachen analysiert, Lösungen werden erarbeitet und Maßnahmen geplant. Oft holt man sich zur Mängelbeseitigung Experten ins Haus, die die richtige Lösung präsentieren sollen, die wir dann nur umzusetzen brauchen.

Es geht aber auch anders, z.B. mit dem Weg der „Wertschätzenden Erkundung" (Appreciative Inquiry). Von Anfang an ein anderer Blick auf das Vorhandene, das Gelungene, auf das, worauf wir stolz sein können, auf die Schätze in der Arbeit und das Gold in den Beziehungen. Das ergibt ein anderes Vorgehen:
- Das erkunden, verstehen und nutzbar machen, was an Stärken und Potenzialen da ist.
- Entwerfen, was im besten Fall sein könnte.
- Gestalten und vereinbaren, was sein soll.
- Planen, wie mit vorhandenen Potenzialen und Möglichkeiten das Gewünschte erreicht werden kann.

Die Grundannahmen sind anders: Menschen und Organisationen haben alles benötigte Potenzial für die gewünschte Zukunft. Es muss nur erkundet, aktiviert und nutzbar gemacht werden. Und sie können lernen, dies selbst zu tun.

Wie kann das eingeübt werden? Dieser andere Blick kann z.B. zu Beginn eines Veränderungsprozesses oder eines Projektes in Form von Partnerinterviews praktiziert werden. Mit klaren Rollen – die dann pünktlich wechseln, genügend Zeit (mind. 2x20 min pro Duo) und mit Hilfe eines Interviewleitfadens. Diese Fragen bringen einen auf die Spur, worum es bei dem Interview geht – darum, Schätze zu heben! Manche Frage und das strenge Setting erscheinen vielleicht ungewohnt, sind aber lohnenswert. Der Fragebogen ist keine Abarbeitungsliste zur Planerfüllung und nicht zur Frustrati-

> Auf die Dauer der Zeit nimmt die Seele die Farbe der Gedanken an.
> (Marc Aurel)

> Jeder Mensch, jede Beziehung und jedes System hat ein ungeahnt großes Potenzial, das nur zum Teil gelebt wird und manchmal schon aufblitzt. (Grundannahme des Appreciative Inquiry)

onssteigerung gedacht, sondern als Anregung, in welche Richtung es gehen kann. Schön ist es, wenn Geschichten erzählt werden, wo es konkret geworden ist.

Der Fragebogen kann je nach Thema und Zielgruppe leicht abgewandelt und angepasst werden: Von ehrenamtlich engagierten Jugendlichen über den Kirchenvorstand, den Mitarbeitenden in der KiTa und Lehrerkollegien bis zu Führungskräften in Organisationen.

Wie sieht so ein Interviewleitfaden aus?
Zum Beispiel so:

Wertschätzende Erkundung – Appreciative Inquiry

Wertschätzendes Interview
Hilfreiche Fragen zur Auswahl und Anregung:

Erzähle mir davon, was Du *in Deiner Arbeit bewegen* willst!
• Was hat Dich bei Deiner Tätigkeit angezogen?
• Was macht Dir dabei Spaß?
• Was inspiriert oder fasziniert Dich dabei?

Erzähle mir von einem *Höhepunkt in Deiner Tätigkeit,*
von einer Zeit, in der Du Dich höchst lebendig, kreativ und stolz gefühlt hast! Vielleicht gab es eine Sternstunde, an die Du gerne denkst?
Was macht dieses Erlebnis zu einem Höhepunkt?
Was war Dein Beitrag und was war der Beitrag anderer?
Welche Hindernisse hast Du gegebenenfalls dafür überwunden?
Was hast Du / was haben andere daraus gelernt?

Wertschätzung Deiner Arbeit und Deiner Person:
• Was schätzt Du am meisten an Dir selbst und an Deiner Arbeitsweise?
• Was ist die wichtigste positive Veränderung, die im Laufe Deiner Tätigkeit passierte?
• Was hast Du dazu beigetragen?

Wertschätzung der Erfolgsfaktoren:
• Was sind Deiner Meinung nach die Erfolgsfaktoren, d. h. die Rahmenbedingungen (Menschen, Organisation, Infrastruktur, …), die die Arbeit in Deinem Tätigkeitsbereich vorangebracht haben?

Welche Ermutigung würdest Du zukünftigen Mitarbeitenden mitgeben?

Die Wirkungen sind offensichtlich. Anfangs meinen die Gesprächspartner/-innen oft, dass die Zeit viel zu lang wäre. Die Erfahrung zeigt, dass sehr angeregte Gespräche entstehen, in der die Erfahrung gemacht werden kann, dass sich wirklich jemand für mich und meine Tätigkeit interessiert, mir zuhört, wohlwollend nachfragt und sich mit mir über meine Erfolge freut. Dann ist die Zeit meist viel zu kurz!

Ein sehr schöner Moment ist es, wenn alle Duos wieder ins Plenum zurückkommen. Eine Einladung zur Wahrnehmung der Situation ergibt: Die Atmosphäre in der Gruppe ist viel wärmer, energie- und humorvoller, die Gesichter sind offen, die Augen leuchten. Eine Erfahrung, die eine gute Basis ist für eine lebendige, zielführende Weiterarbeit in der gesamten Gruppe.

Eine andere Variante ist, die Wertschätzende Erkundung für die Ergebnissicherung eines Prozesses, eines Praktikums, eines Projektes zu nehmen. Dann braucht es sicher noch mehr Zeit für die Interviews. Damit können gut die Schätze daraus gehoben werden!

> Menschen und Beziehungen entwickeln sich immer in die Richtung, in die sie ihre Aufmerksamkeit richten. (Grundannahme des Appreciative Inquiry)

> Erfahrungsaustausch setzt Reden voraus – miteinander statt übereinander. (Ernst Ulrich von Weizsäcker)

Es gibt eine Menge an Gold zu entdecken. Wir haben es in der Hand. Denn: Worauf wir schauen, das verstärken wir! Vielleicht ein Impuls für das nächste Palavern in der Kaffee-Runde, den Blick mal wertschätzend auf andere und anderes zu richten …

Literatur:
Bonsen, Matthias zur/Maleh, Carole (2012²): Appreciative Inquiry (AI): Der Weg zu Spitzenleistungen: Eine Einführung für Anwender, Entscheider und Berater.

Christine Ursel ist Fortbildungsreferentin beim Diakonischen Werk Bayern – Diakonie.Kolleg und Mitglied der Redaktion der PGP.

Es begab sich aber ...

Ein Krippenspiel als Beispiel für Leichte Sprache in der Kirche

Dirk Schliephake

Da viele Geflüchtete und Asylbewerber mit christlicher Konfession (z. B. aus Syrien) nach Deutschland kommen, aber (noch) nicht die deutsche Sprache beherrschen und sich gerne an Heiligabend und Weihnachten von Kirchengemeinden zu Gottesdiensten einladen lassen, entstand die Idee eines Krippenspiels in Leichter Sprache. Natürlich auch für die Allerkleinsten ein berührendes Erlebnis.

Ein/e Erzähler/in erzählt die Weihnachtsgeschichte, die von Kindern, Jugendlichen und Erwachsenen ohne Worte gespielt wird.
Mindestens **sieben Spieler/innen** werden gebraucht: **Kaiserbote, Maria, Josef, Engel, drei Hirten**.

Musik / Lied: EG 43,1 Ihr Kinderlein kommet

Ein Bote des Kaisers tritt auf, stellt sich auf eine Kiste und rollt eine große Schriftrolle auseinander.

E Es begab sich aber...
   Das Wort von Kaiser Augustus tönte laut.
   Alle Menschen sollten es hören.
   Alle sollten hinhören.
   Und gehorchen.
   Auch Josef und Maria.

Josef und Maria kommen, bleiben vor dem Boten stehen, halten sich die Ohren zu. Der Bote entdeckt die beiden. Maria und Josef lassen ihre Arme sinken und wenden dem Boten ein Ohr zu.

E Geht, rief der Bote des Kaisers.
   Geht in eure Heimat zurück.
   Schreibt eure Namen in eine Liste.
   Der Kaiser braucht euer Geld.
   Geht!

Bote zeigt mit einem Arm in eine Richtung. Maria und Josef gehen dorthin. Dann rollt der Bote die Schriftrolle zusammen und geht auch.

Musik

Maria und Josef kommen. Maria sichtbar schwanger, hält sich an Josefs Arm fest.

E Maria und Josef gingen los.
   Sie mussten nach Bethlehem.
   Josefs Heimatdorf.
   Es begab sich aber...
   Maria war schwanger.
   In ihrem Bauch wuchs ein Kind.

Maria legt Josefs Hand auf ihren dicken Bauch. Josef lacht Maria an. Maria atmet einmal hörbar durch. Dann gehen beide weiter.

Musik

Maria und Josef kommen. Josef läuft aufgeregt hin und her.

E Dann kamen sie in Bethlehem an.
   Josef suchte ein Zimmer.
   Doch in allen Häusern war kein Platz für sie.
   Es begab sich aber...
   In einem Stall konnten sie bleiben.

Maria und Josef gehen zur Krippe vor dem Altar. Sie bleiben mit dem Rücken zur Gemeinde stehen.

E Und Maria bekam ihr Kind.
   Ein Junge!
   Sie wickelte ihn in Windeln
   und legte ihn in eine Futterkrippe.

Maria zieht Kissen aus ihrer Kleidung, legt eine Windel in die Krippe und setzt sich. Josef stellt sich an die Krippe und betrachtet lachend das Kind.

Lied: EG 30,1-2 Es ist ein Ros' entsprungen

Hirten und Hirtinnen kommen und stehen im Kreis mit den Rücken aneinander. Sie schauen nach ihren Schafen.

E In der Nähe waren Hirten mit ihren Schafen.
   Sie schliefen nicht in dieser Nacht.
   Sie beschützten die Schafe vor wilden Tieren.

Ein Engel im glänzenden Gewand kommt und umkreist die Hirten. Er lacht und freut sich. Die Hirten halten sich die Arme vor ihr Gesicht.

E Es begab sich aber…
Da kam ein Bote von Gott. Ein Engel.
   Und Gottes strahlender Glanz umhüllte sie.
   Und der Engel Gottes sprach zu ihnen:
   Fürchtet euch nicht.
   Ich bringe euch eine große Freude.
   Eine Freude für alle Menschen.
   Heute ist ein Retter geboren, der Messias.
   Für euch ist er geboren.
   In Bethlehem.
   Und so erkennt ihr ihn:
   Das Kind ist in Windeln gewickelt und liegt in einer Futterkrippe.

Und dann hörten die Hirten Musik.
   Die Chöre der Engel sangen ein Lied für Gott:
   Ehre sei Gott in der Höhe
   Und Frieden auf der Erde bei den Menschen,
   an denen Gott sich freut.

Option: Glorialieder zum Mitsingen und Vorsingen (z.B. EG 54; LH 1,14 Gloria)

Der Engel geht. Die Hirten drehen sich einander zu, legen ihre Arme umeinander.

E Die Hirten waren wieder allein.
   Sie staunten und staunten:
   Gott hat uns besucht.
   Uns hat er die frohe Botschaft gebracht:
   Der Messias ist geboren.
   Kommt, wir gehen nach Bethlehem.
   Mit eigenen Augen wollen wir das Kind sehen.

Die Hirten laufen los und kommen schließlich an der Krippe an. Sie schauen staunend in die Krippe.

Lied: EG 43,3 Da liegt es, das Kindlein

E Und die Hirten fanden Maria und Josef.
   Und das Kind in der Futterkrippe.
   Und sie erzählten von dem Engel
   und den Liedern der Engel.
   Und alle staunten ordentlich.
   Es begab sich aber…
   Maria bewahrte alle Worte in ihrem Herzen.

   Und die Hirten gingen wieder zurück zu ihren Schafen.
   Sie sangen und tanzten vor Freude.
   Sie lobten ihren Gott.
   Es begab sich aber…
   Alle, die es hörten, sangen kräftig mit.
   Und so breitete sich Frieden aus auf der Erde.
   Und Gott freute sich mit ihnen.

Option: Weihnachtslieder aus aller Welt (EG 47 Freu dich Erd und Sternenzelt; EG 35; EG 24,1-6; EG 45)

Nach dem Lobgesang gehen Hirten, Maria und Josef, Engel und Kaiserbote. Krippe und Friedenslicht bleiben.

Dirk Schliephake ist Beauftragter der Ev.-Luth. Landeskirche Hannovers für den Kindergottesdienst und Leiter des Arbeitsbereichs Kindergottesdienst im Michaeliskloster Hildesheim.

Ich will dem Durstigen geben von der Quelle lebendigen Wassers umsonst

Anregungen zur Jahreslosung 2018

Petra Müller

Der erste Eindruck

Beim Blick auf die jeweils neue Jahreslosung – so ist meine Wahrnehmung – entscheidet oft der erste Eindruck. Man liest sie, hört sie oder man sieht eine bildliche Gestaltung. Relativ schnell fällt man dann das Urteil: Gefällt mir oder gefällt mir nicht. Wohl nicht anders war es in unserer Redaktionssitzung, als die Frage im Raum stand, wer von uns einen Beitrag zur Jahreslosung schreibt. „Wie lautet die Jahreslosung denn?", war meine spontane Frage. Ein Blick in die Suchmaschine brachte schnell die Antwort. Da stand: „Gott spricht: Ich will dem Durstigen geben von der Quelle des lebendigen Wassers umsonst" (Offenbarung 21,6). Und schon hatte ich eine Meinung dazu: „Die gefällt mir. Ich übernehme das mit dem Manuskript." Auf die Jahreslosung von 2016 hätte ich sicherlich anders reagiert und hätte gesagt: „Nein, das ist gar nicht mein Text ..."

Durchbuchstabieren

Gerade weil wir anscheinend schnell mit Zustimmung oder Ablehnung auf eine Jahreslosung reagieren, kann es hilfreich sein, sie erst einmal durchzubuchstabieren, bevor man sich einer Auslegung oder Interpretation nähert. Ich nehme sie auseinander und schaue mir jedes Wort einzeln an: Gott – spricht – ich – will – dem – Durstigen – geben – von – der – Quelle – des – lebendigen – Wassers – umsonst. Welches Wort spricht mich an? Welches Wort ist mir Anstoß? Welches Wort stößt bei mir etwas an? Welches Wort will ich gar nicht sehen? Wie hört sie sich an, wenn ich das Wort weglasse, an dem ich mich reibe? Welches Wort tut mir gut? Welches Wort will ich aussortieren? Über welche Worte bekomme ich einen Zugang und welche Worte versperren mir womöglich den Zugang? Solche und andere Fragen kann ich mir stellen. Ähnliches kennen wir von der Methode des „Bibelteilens".

Man kann einzelne Worte im Raum verteilen und die Teilnehmenden bitten, sich je nach Fragestellung diesen zuzuordnen und darüber miteinander ins Gespräch zu kommen. Dies kann innerhalb einer Gruppenveranstaltung sein, aber auch im Rahmen einer Andacht oder auch in einem Gottesdienst, denn auch im Kirchenraum lassen sich die Worte verorten.

Wortbilder

Vertiefen lässt sich diese Zugangsform, indem man dazu anleitet, Wortbilder entstehen zu lassen. Ich mag diese Methode sehr. Eindrücklich ist mir noch in Erinnerung, wie ich vor vier Jahren in einer Seminargruppe mit 35 Frauen mit dieser Methode zur Jahreslosung „Gott nahe zu sein ist mein Glück" gearbeitet habe.

Für jeden Teilnehmenden bereitet man dafür einen Briefumschlag vor, in dem die Worte der Jahreslosung auseinandergeschnitten auf einzelnen Zetteln zu finden sind (siehe Kopiervorlage). Ebenso aber können auch die Teilnehmenden die Worte selber auf gleichgroße Zettel schreiben.

Aus den vorgegebenen Worten sucht oder findet man die heraus, die man behalten möchte und ordnet sie so an, dass sie für einen selber jetzt in diesem Moment Ausdruck und Sinn bekommen. Wie sieht es aus, wenn ich das Wort hervorhebe, das mir gut tut? An welche Stelle möchte ich das Wort setzen, das ich für ein Schlüsselwort halte? Welches Wort soll Raum bekommen? Welches Wort will ich weglassen? Was setze ich an den Anfang? Welches Wort braucht Abstand? Wie setze ich die Worte ins Bild? Solche Fragen kann man mit auf den Gestaltungsweg geben.

Es werden ganz verschiedene Wortbilder entstehen. In einem weiteren Schritt kann man eine kleine Vernissage machen. Man geht in Ruhe und Schweigen im Raum herum und betrachtet die einzelnen Wortbilder. Im Anschluss daran findet man sich mit seinem eigenen Wortbild für 15 Minuten in Dreiergruppen zusammen. Jeder bekommt drei Minuten Zeit, um das eigene Bild zu beschreiben und etwas vom Entstehungsprozess mitzuteilen. Die anderen beiden Gruppenteilnehmenden können dann auch noch einen Eindruck äußern. So können Innen- und Außensicht, Selbst- und Fremdwahrnehmung zusammentreffen.

Je nach Zeit und Setting kann man an dieser Stelle anschließend im Plenum den Sack zubinden. Wer noch weiterarbeiten möchte, kann in den biblischen Text mit einer kleinen Auslegung einsteigen. Das sollte man keinesfalls vor dem Durchbuchstabieren und dem Entstehen des Wortbildes machen, um erst einmal einen eigenen (kreativen) Prozess zu ermöglichen.

Auffrischen

Mir scheint, die Jahreslosung ereilt ein ähnliches „Schicksal", wie es Lebkuchen und andere weihnachtliche Leckereien erfahren. Sehr verfrüht, schon Ende August, sind sie auf dem Markt. Vor Weihnachten mögen die meisten keinen Lebkuchen mehr essen und oft sind sie zu diesem Zeitpunkt auch schon ausverkauft. In einem ähnlichen Zeitfenster erscheinen in den Verlagen alle möglichen Produkte rund um die neue Jahreslosung. Von ihr hören und über sie reden – das geschieht in der Regel ähnlich lange, wie man sich noch ein gutes und gesegnetes neues Jahr wünscht. Dann verschwindet sie meist aus unserem Blick, wenn sie uns nicht noch auf einem Plakat begegnet, das im Gemeindehaus an der Wand hängt. Eigentlich ist die Jahreslosung eher eine Monatslosung oder ein Spruch, der uns am Übergang vom alten ins neue Jahr begegnet. Sollten wir uns sie daher nicht immer mal wieder das Jahr über in Erinnerung rufen oder sie „auffrischen" – in Anlehnung an die wasserreichen Bilder der diesjährigen Jahreslosung?

Erfrischung

Das mit der „Auffrischung" will ich in diesem Jahr einmal wie folgt ausprobieren – vielleicht bei einem Treffen unseres „Netzwerkes Älterwerden" oder aber auch bei der Wochenandacht, die wir immer mittwochs um 12.00 Uhr in unserem kirchlichen Haus halten. Vielleicht aber auch bei einer Fortbildungsveranstaltung. Gelegenheiten werden sich finden lassen. Ich werde am Eingang stehen und die Ankommenden mit einem erfrischenden Getränk willkommen heißen und begrüßen – wie auf einer Feier oder einem Empfang. Ich bin mir sicher: Sie werden erst einmal verwundert sein, weil sie damit nicht rechnen. Im Frühjahr könnte das ein Getränk aus Passionsfrucht sein, im Sommer eine Erdbeer-Rhabarber-Schorle und im Herbst ein frischgekelterter Apfelsaft. Neben den Saftgläsern werde ich auch noch Gläser mit erfrischendem Wasser bereitstellen. Sicherlich werden die meisten fragen, welchen Anlass es für diese Begrüßung gibt – das werde ich zwischen Tür und Angel aber noch nicht auflösen, sondern erst in einer sich anschließenden Andacht, wenn ich die Gelegenheit beim Schopfe packe und der Jahreslosung „Gott spricht: Ich will dem Durstigen geben von der Quelle des lebendigen Wassers umsonst" noch einmal Raum gebe. Anreichern werde ich sie mit Worten aus Psalm 42, Psalm 63 oder Psalm 84.

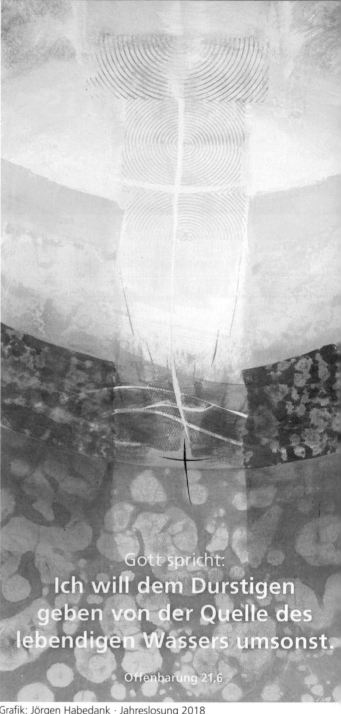

Gott spricht:
Ich will dem Durstigen geben von der Quelle des lebendigen Wassers umsonst.

Offenbarung 21,6

Grafik: Jörgen Habedank · Jahreslosung 2018
© 2017 Präsenz Medien & Verlag · 65520 Bad Camberg
www.praesenz-verlag.com

Gott	spricht	Ich
will	dem	Durstigen
geben	von	der
Quelle	des	lebendigen
Wassers	umsonst	

Kopiervorlage zum Zerschneiden in einzelne Worte

Petra Müller ist Diplompädagogin für Erwachsenenbildung und evangelische Theologie und arbeitet als Referentin in der Fachstelle Alter der Nordkirche.

Bausteine für eine Osternacht mit Konfis

Konfis bauen eine Passions- und Osterinstallation

Steffen Weusten

Die Idee: Die Konfis verbringen die Nacht von Karsamstag auf Ostersonntag im Gemeindehaus neben der Kirche. Sie erarbeiten in verschiedenen Stationen eine Passions- bzw. Osterinstallation. Dazu bringen sie zunächst eigene Erfahrungen ein, die gegenständlich oder bildlich dargestellt und zu einem Kunstwerk zusammengefügt werden. Am Ostermorgen transformieren sie diese symbolisch im Sinne der Auferstehung. Zwischen den Stationen können die Konfis eine Osterkerze oder ein Lebenskreuz gestalten oder einfach ausruhen und schlafen. Die Osterinstallation bleibt für den Ostergottesdienst in der Kirche und kann die Grundlage für eine Predigt sein. Teamerinnen und Teamer helfen in dieser Nacht den Konfis ihre Kunstwerke zu gestalten. Dieser Entwurf muss an die jeweiligen Möglichkeiten vor Ort angepasst werden. So ist es z.B. auch möglich, mehr Stationen zu bearbeiten, indem man früher anfängt oder später aufhört.

20.00 Uhr
Station 1: Matthäus 26,6-13 Salbung in Bethanien

Möglicher Impuls: „Herzlich willkommen zu dieser Konfi-Osternacht. Wir kommen alle aus unserem Alltag. Wir nehmen unsere alltäglichen Erfahrungen hinein in das Gedenken an die Passion Jesu. Wir betrachten sie dann im Licht von Ostern. Dazu erschaffen wir gemeinsam eine Passions- und Osterinstallation in der Kirche, in der wir morgen mit der ganzen Gemeinde Ostern feiern. Wir fangen mit unserem Alltag an."

Hier z.B. mit Hilfe der Gefühlsmonsterkarten (Die Gefühlsmonster-Karten sind ein Handwerkszeug, um Gespräche über Gefühle zu erleichtern) abfragen, wie es den Konfis geht, wenn sie die letzten Wochen und Monate betrachten.

Möglicher Impuls: „Unser Alltag ist manchmal schön, manchmal anstrengend, ab und zu öde. Er ist leichter zu bewältigen, wenn man das Gefühl hat, etwas wert zu sein, also ein gutes Selbstwertgefühl zu haben. Manche haben das einfach selbstverständlich. Andere brauchen ab und zu eine Erinnerung daran, dass sie etwas wert sind. Wie ist das bei Euch? Was gibt euch das Gefühl, etwas wert zu sein? Bestimmte Tätigkeiten, bestimmte Personen oder etwas ganz anderes? Wir haben hier ein Tuch, das die Grundlage unserer Installation werden soll. Bitte haltet mit Hilfe von Textilfarben darauf fest, was euch im Alltag das Gefühl gibt, etwas Wert zu sein. Das kann Sport, die Schule, ein Hobby, die Familie oder etwas ganz anderes sein."

Gestaltungsphase, danach Museumsphase.

„Am letzten Abend, den Jesus mit seinen Jüngern verbracht hat, hat ihm eine Frau auf besondere Art und Weise ihre Dankbarkeit gezeigt. Und ich denke, sie hat ihm auch das Gefühl vermittelt etwas wert zu sein. Hört selbst:"

Mt 26,6-13

„Ihr könnt jetzt auch erleben, wie das ist, gesalbt zu werden. Die Teamer stehen bereit und werden euch – wenn ihr wollt – mit Salböl ein Kreuz auf die Stirn oder die Handinnenfläche machen und euch dabei segnen."

Aktion: Das Tuch wird in die Kirche gebracht. Das Ablegen des Tuchs und der anderen Gegenstände, die noch folgen, kann liturgisch inszeniert werden, beispielsweise durch das Singen eines Liedrufes oder eines „Kyrie". Danach ist Pause bis zur nächsten Station. In der Zwischenzeit richten die Teamer den Raum für eine Mahlzeit her.

Material: Ein Tuch und Textilfarben.

21.30 Uhr
Station 2: Verrat des Judas und Abendmahl

Möglicher Impuls: „Wir gehören zu verschiedenen Gemeinschaften. Manche davon suchen wir uns aus – unsere Freunde, unseren Sportverein, etc. Manche suchen wir uns nicht aus – unsere Familie z.B. oder auch diese Konfi-Gruppe. Die Jünger haben einander auch nicht ausgesucht, denn Jesus hat sie berufen, es waren ganz verschiedene Menschen darunter: Petrus, der Fischer, den Jesus später zum Chef der Jünger gemacht hat, seinen Lieblingsjünger Johannes, zwei Brüder waren dabei, die sich von Jesus eine Karriere erhofften, sogar ein Zöllner war dabei und nicht zuletzt Judas, der ihn verraten würde. Hier ist die Geschichte vom Abendmahl: Mt 26,17-30. Wie Jesus, der mit ganz verschiedenen Menschen an einem Tisch saß, setzen wir uns nun auch an den Tisch und essen und trinken gemeinsam." Während des Essens kann auch ein Agapemahl oder sogar das Abendmahl gefeiert werden."

Aktion: Gemeinsames Essen.

„Beim ersten Abendmahl war ein Chef, ein Verräter, zwei Streber, ein Liebling und ein Betrüger dabei, um nur einige zu nennen. Wer würde heute mit Jesus an

einem Tisch sitzen? Überlegt Euch in Dreiergruppen sechs Typen, die auf jeden Fall heute dabei wären. Schreibt diese Typen auf einen Pappbecher. Dann treffen wir uns im Plenum und überlegen gemeinsam, welche zwölf Typen wir gemeinsam aussuchen. Diese zwölf Becher dürft ihr noch mit einem Gesicht versehen."

Die Becher werden wie oben beschrieben in die Kirche gebracht.

Material: Pappbecher, Stifte.

0.00 Uhr
Station 3: Kreuzigung und Tod

„Wir denken heute an die Passion Jesu. Passion heißt leiden. Worunter leiden Menschen? Was macht euch das Leben schwer, sogar unerträglich? Eure Aufgabe ist es, ein Bild zu schaffen. Ihr bekommt dazu schwarzen Fotokarton und Zuckerkreide. Sie leuchtet auf dem schwarzen Papier. Ihr könnt eine Szene, einen Gegenstand oder ein abstraktes Bild zeichnen. Ihr habt 30 min Zeit."

Aktion: Die Bilder werden wie oben beschrieben in der Kirche abgelegt. Anschließend geht es in der Kirche weiter:

„Hört nun auszugsweise, wie die Geschichte von Jesus weitergeht.
Mt 26,47 + 57
Mt 27,1 – 2 + 26b – 50.

Jesus hat gelitten und ist zu Tode gefoltert worden. Wenn heute Menschen leiden, dann weiß Gott, wie das ist. Auch dafür steht das Kreuz."

Aktion: Die Kerzen in der Kirche werden ausgelöscht. Im Gemeindehaus werden die Sicherungen umgelegt. Bis morgen gibt es nur Kerzenlicht.

„Wir unternehmen nun eine Schweigewanderung. Wir gehen ein Stück spazieren. Jede und jeder bekommt einen Stein in die Hand. Diesen Stein könnt ihr während der Wanderung mit Euren Gedanken beladen. Vielleicht legt ihr in Gedanken alle Situationen auf diesen Stein, in denen ihr euch einsam und verlassen gefühlt habt. Nach der Wanderung könnt ihr den Stein jeder für sich in der Kirche ablegen. Danach ist Nachtruhe, d.h. ihr müsst nicht schlafen, aber wer es möchte, der soll es auch tun können. Es ist immer ein Teamer wach, mit dem ihr reden könnt, wenn ihr wollt."

Schweigewanderung. Nachtruhe. Möglichkeit zur Seelsorge. Wer will, darf an seiner Osterkerze arbeiten.

Material: schwarzer Fotokarton, Zuckerkreide, Osterkerzen, ein Stein pro Konfi

06.00 Uhr
Station 4: Ostern

Aktion: Die Konfis machen sich auf den Weg zur Kirche, jedoch auf einem Umweg. Die Konfis laufen in die aufgehende Sonne hinein. Bei jeder Pause wird ein österlicher Text gelesen, z.B.: Mt 28,1-10, Röm 8,31 – 39, Phil 2,6 – 11 oder Offb 21,3 – 7. Am Eingang der Kirche bekommen alle Konfis eine bzw. ihre Osterkerze. Sie stellen sich rund um die Installation. Die brennende Osterkerze der Kirche wird hereingetragen. Dabei wird ein Liedruf gesungen (z.B. „Der Herr ist auferstanden, er ist wahrhaftig auferstanden"). Die Konfis bleiben im Kreis um die Installation und die Osterkerze. Sie zünden ihre Kerze an der Osterkerze an.

Impuls: „Liebe Konfis, Ostern verändert alles. Der Stein vor dem Grab ist zwar noch da, aber im Grab ist ein Engel. Das Leiden ist zwar noch da, aber es ist überwunden. Es strahlt in einem neuen Licht. Als Zeichen dafür könnt Ihr Eure Kerze neben Euren Stein legen. (…) Wir haben gestern eine Passionsinstallation gebaut. Eure Aufgabe ist es nun, daraus eine Osterinstallation zu machen. Das Alte, das Leiden soll sichtbar bleiben. Das dürft ihr so gestalten, wie ihr wollt. Wir haben dafür Tücher, Kerzen, einige Bibelverse, etc. für Euch vorbereitet. Aber ihr dürft alles verwenden, was ihr so findet, es soll nur nichts kaputtgehen. Diese Installation wird dann so bleiben und zusammen mit der Gemeinde feiern wir hier dann den Ostergottesdienst. Ihr habt 30 Minuten Zeit."

Material: Tücher, Kerzen, ausgedruckte österliche Bibelverse, Bastelmaterial

Abschluss mit gemeinsamem Frühstück.

Steffen Weusten ist Dozent für die Arbeit mit Konfirmandinnen und Konfirmanden am PTI der EKM.

KREUZ WEG

in der katholischen Kirche „Maria Meeresstern" auf Borkum

Eine Installation von Andreas Langkau

Gesamtansicht zu Beginn der Fastenzeit

Gesamtansicht von der Empore aus

Die Idee

Das Kreuz Jesu steht im Zentrum des christlichen Glaubens als Leidens- und Erlösungszeichen. Das brutale Folterinstrument und die Lebenshingabe eines abgrundtief Liebenden kreuzen sich hier. Die beiden letzten Jesusworte „Mein Gott, warum hast du mich verlassen?" (Mk 15,34) und „Es ist vollbracht." (Joh 19,30) überspannen den Abgrund zwischen Verzweiflung und Hoffnung angesichts des Bösen im und unter Menschen. In dieser Spannung steht das Zeichen des Kreuzes bis heute in unseren Kirchen, in unseren Häusern und auch als Anhänger an unseren Hälsen.

Andreas Langkau, Jahrgang 1967, Theologe und seit sechs Jahren in der katholischen Kur- und Urlauberseelsorge auf der Nordseeinsel Borkum, meditiert seit vielen Jahren dieses Geheimnis im Zentrum des christlichen Glaubens. Immer wieder wurde ihm in den letzten Jahren das Motiv der Kreuzwegstation „Veronica reicht Jesus das Schweißtuch" zur Inspiration für Ölbilder, die den leidenden Jesus als das „wahre Bild (vera icona) des Wesens Gottes" (nach Hebr 1,3) zu deuten versuchen (Werke u.a. im „Haus Damiano", Kiel, und in „Christ König", Emden).

In der Fastenzeit 2017, die in 40 Tagen auf das Leiden, Sterben und Auferstehen Jesu Christi vorbereitet, zeigte er nun seine erste Installation. Dabei ließ er sich vom nur im Deutschen möglichen Wortspiel von „Kreuzweg" und „Kreuz weg" inspirieren. Die Installation zeigt, dass das Kreuz nicht nur ein Symbol und schon gar nicht allein für den Kirchenraum reserviert ist, sondern im Leben der Menschen konkret wird: als Ausdruck ihres Leidens als auch ihrer Hoffnung. So sollte sich das Kreuz während der Fastenzeit aus der Kirche weg an sechs Orte auf Borkum verteilen, wo Leid erlitten und begleitet wird.

Das Kreuz nach der ersten Bildentnahme

Das Projekt

In der österlichen Bußzeit bildeten sechs dunkelblaue Quadrate von 80 × 80 cm Kantenlänge (Öl auf Leinwand) ein 320 cm hohes lateinisches Kreuz. In der katholischen Kirche „Maria Meeresstern" auf Borkum wurden diese Leinwände auf einen frei stehenden Holzrahmen an der Stirnseite des Altarraums fixiert. Der Standort erhielt seine inhaltliche Dynamik durch die Position des Karfreitag-Kreuzes hinter dem an Gründonnerstag erinnernden Altar und vor der rückwärtigen Glastür mit einem Ostermotiv von Margarethe Keith-Grell.

In jeder Woche der Fastenzeit wurde ein Quadrat aus dem Kreuz herausgenommen und an einen Ort auf Borkum gebracht, wo „Kreuzwege" konkret werden. So ging das Kreuz weg ins Pflegeheim „Seniorenhuus In't Skuul" und ins Insel-Krankenhaus, zum Leinerstift, in dem Kinder aus sozial auffälligen Familien betreut werden, und ins Tierheim, in die Mutter-Kind-Kurklinik „Sancta Maria", zuletzt in die Aufbahrungskapelle des Friedhofs.
In der Kirche blieb vom Kreuz der Rahmen als Umriss. Im Angang auf Ostern wurde so der Blick auf das Kreuz gewandelt. Es erschien in immer neuen Ansichten, irritierte mit seinen Durchblicken und ließ Schritt für Schritt das Ostermotiv dahinter sichtbar werden.

Zugleich erhielten die sechs Orte auf Borkum An-Teil am Kreuz. In unterschiedlichster Form wurde die Übergabe der Kreuzteile begangen. In der Mutter-Kind-Klinik mit einer Andacht – dicht und lebensnah, da genau in dieser Woche eine langjährige Mitarbeiterin des Hauses plötzlich verstorben war. Neben dem KREUZ WEG-Quadrat wurde ein Bild der Mitarbeiterin aufgehängt, das bei ihrer Beerdigung neben dem Sarg gestanden hatte. Die Kinder, die der Leinerstift e.V. betreut, holten sich ihren Teil vom Kreuz selbst in der Kirche ab. Begleitet vom Künstler zog die Schar mit dem Ölbild durch die Stadt zum Sitz der Stiftung, wo Andreas Langkau dann das blaue Quadrat aufhängen durfte. Hier wie auch an den anderen Orten fügte er dem einzelnen Ölbild eine auf die Installation hinweisende Grafik bei. Sie zeigt das Gesamtkreuz mit dem Leerraum, den das hier aufgehängte Original gefüllt hat, und gibt – zusammen mit Flyern – einen Hinweis auf den inhaltlichen Rahmen und die Homepage <www.kreuz-weg.de>.

Andreas Langkau betont: „Für mich stehen der Prozess, also die Veränderung des Kreuzes und die daraus resultierenden Begegnungen im Mittelpunkt. Ganz unterschiedliche Menschen und Institutionen kommen mit dem Kreuz in Kontakt – viele erstmals oder nach langer Zeit mal wieder. Zugleich entsteht ein Beziehungsgeflecht quer über unsere Insel. Sechs Orte plus unsere Kirche bilden eine Gestalt, eine Gemeinschaft, gebildet und verbunden durch den ‚KREUZ WEG'." Zu den Begegnungen merkt Langkau an: „Gefreut hat mich besonders der Kontakt mit den Kindern, die der Leinerstift e.V. betreut. Sie waren so aufgeregt und interessiert. Ein Kind sagte: ‚So nah bin ich dem Kreuz noch nie gekommen.' Das war wohl eher räumlich gemeint, doch habe ich auch eine inhaltliche Nähe herausgehört." →

Das Kreuz an Palmsonntag

Das Kreuz an Karfreitag

Erkundung des Kreuzes mit den Kindern des Leinerstiftes

So könnte Andreas Langkau von jeder Übergabe deren ganz eigene Geschichte erzählen. Durchaus kontroverse Rückmeldungen erhielt er zu seiner Entscheidung, auch das Tierheim einzubeziehen: „Manche meinten, Christus sei doch nur zum Heil der Menschen gestorben. Doch Gott liebt seine ganze Schöpfung. Und ich möchte darauf hinweisen, dass auch Pflanzen und Tiere leiden – oft durch die Hand von Menschen. Und dass es zugleich viele Engagierte gibt, die sich für die Bewahrung und Pflege der Schöpfung und der Geschöpfe einsetzen." So hängt nun auf einer alten Kachelwand inmitten von mehr oder weniger vergilbten Plakaten, die zum Tierschutz und zur Bewahrung der Schöpfung aufrufen, ein Ölgemälde …

Pünktlich zum Karfreitag ging das letzte Bild aus dem Kreuz weg – in die Aufbahrungshalle auf dem Friedhof. Dort war niemand zugegen. Im Schweigen und Gebet für die Verstorbenen hängte Andreas Langkau das Bild auf. In der Kirche blieb für den Karfreitag und Karsamstag der kahle Rahmen zurück. Vor der Feier der Osternacht wurde er abgebaut.

Transport eines Bildes mit den Kindern des Leinerstiftes

Nachklänge

Die sechs Ölbilder waren als Leihgabe gedacht mit der Verabredung, sie wenigstens bis Ostern hängen zu lassen. Bei Interesse konnten die Bilder dort auch langfristig bleiben. Bis heute hat keine Institution ihr Bild zurückgegeben, so dass die Idee weiter wirken kann.

Der Ort der Installation, die Nordseeinsel Borkum, ist geprägt vom Mix aus gut 5.000 Insulanern und den vielen Gästen aus ganz Deutschland und den Niederlanden. So nahmen nicht nur die katholische Ortsgemeinde und

viele Borkumer das Kunstprojekt wahr, sondern auch eine große Zahl von Besuchern, die zum Gottesdienst oder zum Anschauen die Kirche besuchten. Sehr viele Menschen erhielten einen Eindruck vom aktuellen Stand der Installation. Mehrere bewegte die Idee zu Überlegungen, ob und wie ein solcher KREUZ WEG auch in ihrer Heimatgemeinde möglich wäre. Mit manchen ist Andreas Langkau im Gespräch zur Umsetzung in der Fastenzeit 2018. Die Idee darf Kreise ziehen.

Transport des Bildes ins „Seniorenhuus In't Skuul"

Weitere Informationen und Fotos
gibt die Homepage
www.kreuz-weg.de

Andreas Langkau ist katholischer Theologe und arbeitet in der Kur- und Urlauberseelsorge auf Borkum.

Wachsendes Wort – wenn Sprache grünt
Eine vor-österliche Einladung

Dass Leben aufkeimt, etwas in den grünen Bereich kommt, dass etwas quasi aus dem Nichts wächst und gedeiht – so erzählen Menschen oft von österlichen Erfahrungen in ihrem Leben.

   Auch Worte können wachsen, können in einem Menschen groß werden und übersehbare Wirkung entfalten. Das lässt sich auch lebendig inszenieren! Hier eine vor-österliche Bastelanleitung dazu. Welches Wort würden Sie gerne aufgehen lassen?

1. Schneiden Sie das Wort ihrer Wahl aus der Vorlage aus, so dass die Buchstaben aus dem Papier herausfallen.

2. Legen Sie 2-3 Lagen Küchenpapier auf einen flachen Teller. Noch schöner wird es, wenn Sie das Papier passgenau in ein quadratisches Gefäß legen.

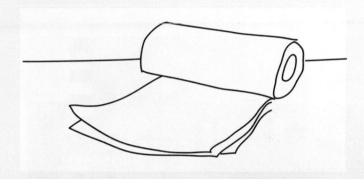

3. Wässern Sie das Küchenpapier – das überschüssige Wasser, das vom Papier nicht aufgenommen wurde, können Sie abgießen.

4. Legen Sie die Wortschablone auf das Küchenpapier und füllen Sie das Wort mit ausreichend Kressesamen.

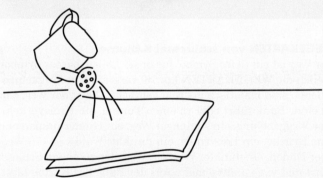

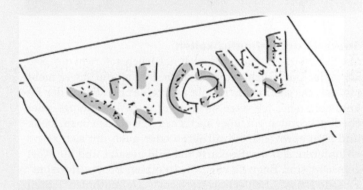

5. Decken Sie das Gefäss nun luftdurchlässig (z.B. mit einem Teller) ab und stellen sie es an einen warmen Ort.

6. Papier feucht halten. Wenn nach 2-3 Tagen die Keime aufgehen und grün werden, kann der Deckel abgenommen und das grüne Wort bestaunt werden.

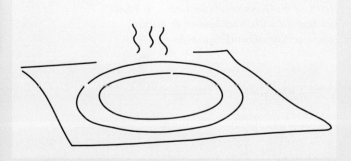

© Kerygma, Köln

Mit anderen und mit sich ins Gespräch kommen

Materialtipps für die Praxis

Petra Müller

Seekarte der Befindlichkeiten

Als Norddeutsche habe ich mich natürlich sofort in die „Seekarte der Befindlichkeiten" verliebt. Für all die, die es mehr mit den Bergen haben: Es gibt auch eine „Landkarte der Befindlichkeiten". Ich setze sie sehr gerne in Vorstellungs- oder Feedbackrunden ein, aber sie eignet sich ebenso dazu, Denk- und Frageprozesse zu initiieren oder auch um sich zu positionieren. Auf der Seekarte ins Bild gesetzt und ins Wort gebracht sind Begriffe wie „alle in einem Boot", „Horizont", „Frische Brise", „Schlechtwetterfront", „Heimathafen", „Steilküste", „Sandbank", „Landungsbrücke", „Umkleidekabine", „Seemannsgarn", „Fischkutter" u.a. Man kommt auf leichte Weise ins Erzählen und trifft schnell auf den Kern und das Wesentliche.

> *„Seekarte der Befindlichkeiten", auf robuster PVC-Plane im Format DIN A 0, € 69,00*
> *zu bestellen über schluessel & blume*
> *www.schluesselundblume.de*

WEGEKARTEN von schluessel & blume

Der Weg ist ein tiefes Symbol für unser Leben. Dieses Symbol greifen die WEGEKARTEN auf. 49 verschiedene Wegkompositionen sind malerisch ins Bild gebracht. Da ist der Weg, der zu einer Bank führt oder in einen Tunnel, ein Kreisverkehr, eine Weggabelung, ein sumpfiger Weg, ein Hindernisparcour, eine Brücke, ein Labyrinth, ein dunkler Waldweg, ein Weg über Dünen, ein dunkler Weg, ein Weg, der zu einem Schloss führt und viele andere mehr. Aus der Fülle der Karten lässt sich auch ein Lebensweg legen. Damit veranschaulichen die Karten besondere Ereignisse, Entscheidungen und Stationen des persönlichen Lebens. Man kann mit ihnen aber auch eine momentane Befindlichkeit ausdrücken oder in eine berufliche Situation einsteigen. Wie alle Produkte von schluessel & blume sind auch diese liebevoll und überlegt gestaltet.

> *WEGEKARTEN, 49 Karten im Format 10 × 10 cm mit Anleitung im Gleitverschlussbeutel, € 34,80*
> *zu bestellen über schluessel & blume*
> *www.schluesselundblume.de*

Extragroße Fotokarten zur Biografiearbeit: Die 30er Jahre / Die 40er Jahre / Die 50er Jahre / Die 60er Jahre

Sehr gerne arbeite ich mit den Fotokarten aus dem Don Bosco Verlag, herausgegeben von Dr. Margarita Hense. Man taucht mit ihnen schnell in die Lebenswelten der früheren Jahrzehnte des letzten Jahrhunderts ein. Ich setze sie z.B. bei Begegnungsabenden einer Startinitiative für Menschen an der Schwelle zur nachberuflichen Phase ein, aber auch in der Fort- und Weiterbildung und bei Konzeptionsentwicklungsprozessen im Themenfeld „Arbeit mit Älteren". Insbesondere aber sind sie für die Seniorenarbeit geeignet, aber auch, um Generationen ins Gespräch zu bringen.

Das Kartenset enthält eine Auswahl an Szenen und Gegenständen aus der früheren Alltagswelt der heute 60- bis 90-Jährigen. Es thematisiert unterschiedliche Lebensbereiche, wie z.B. Kinderwelt, Schulzeit, Familie, Haushalt, Arbeitswelt, Freizeit und Verreisen, Zeitgeschehen. Diese Bandbreite an Themen bietet eine große Fülle von Gesprächsanlässen, so dass leichter an die individuell ganz verschiedenen Biografien und Erinnerungshorizonte der älteren Menschen angeknüpft werden kann. Historische Schwarz-Weiß-Fotos, die Szenen aus der damaligen Lebenswelt darstellen, werden mit thematisch dazu passenden, farbig fotografierten Gegenständen kombiniert. Die Fotokarten bieten Anknüpfungspunkte für eine Zeitreise in die Vergangenheit, um biografisches Wissen zu aktivieren und Erinnerungen „auf die Sprünge" zu helfen, aber auch um die eigene Lebensspur im Fluss der Geschichte zu sehen und zu verorten. Man kann aus den zwölf beidseitig bedruckten DIN A3 großen Karten einzelne Motive auswählen. Sie geben Anstöße, Erinnerungen und Erfahrungen aus der eigenen Lebensgeschichte im Gespräch mit anderen zu teilen.

Die Extragroßen Fotokarten gibt es auch als Bildkarten im Format 9,0 × 13,0 cm.

Extragroße Fotokarten zur Biografiearbeit, Format DIN A3, € 17,95
Die 30er Jahre (EAN: 426017951-181-3), Die 40er Jahre (EAN: 426017951 182 0), Die 50er Jahre (EAN: 426017951 183 7), Die 60er Jahre (EAN: 426017951 185 1)
Fotokarten zur Biografiearbeit – auch für alle Jahrzehnte zu bekommen, Format 9,0 × 13,0 cm, € 12,95
Don Bosco Verlag

Extragroße Fotokarten zur Biografiearbeit: Mein Weg ist mein Weg

Für den Austausch in Kleingruppen und zur eigenen Selbstreflexion eignen sich Bildkarten „Mein Weg ist mein Weg" von Hubert Klingenberger, Initiator der Gesellschaft für Biografiearbeit LebensMutig. Auch sie gibt es im Format DIN A3 und als kleine Bildkarten. Sie gehen davon aus, dass jeder ein inneres Bild davon hat, wie das Leben aussieht oder aussehen sollte. Symbolfotos können uns darin unterstützen, dem auf die Spur zu kommen und sich über die eigenen Wünsche und Bedürfnisse klar zu werden. Dazu wollen diese Bildkarten anregen, auch mit Texten und Fragen auf der Rückseite. Aber – so ist es meine Erfahrung: sie lassen sich auch zu anderen Themen und Anlässen einsetzen. Im Begleitheft „Karten-Spielereien" werden einige Methoden vorgeschlagen und ausgeführt, die man in der Arbeit mit Erwachsenen einsetzen kann.

Mein Weg ist mein Weg
Extragroße Fotokarten zur Biografiearbeit
(EAN: 426017951-181-3), Format DIN A3, € 17,95
Bildkarten (EAN: 426017951-070-0), Format 9,0 × 13,0 cm, € 12,95, Don Bosco Verlag

→

Talk-Box

Und zu guter Letzt noch der Hinweis auf die Talk-Box aus dem Neukirchener Verlag. Mittlerweile gibt es schon 13 verschiedene Talk-Boxen mit jeweils 120 Impulskarten zu verschiedensten Gesprächssituationen oder Anlässen zum Nachdenken. Sie wurden von Claudia Filker und Hanna Schott entwickelt.

Zu folgenden Themen gibt es eine Talk-Box:

- Sich gegenseitig (neu) kennenlernen
  Für Familien, Freunde und Gruppen
- Den Partner neu entdecken
- Für Paare
- Frischer Gesprächsstoff für Gruppen
- Für Partygänger, Kaffeetanten, Teamkollegen, Schulfreunde …
- Für frisch Verliebte
- Basics für Paare
- Frauen unter sich
- Für Frauentreffs & Mädelsrunden
- Über Glauben sprechen
- Glaubenssachen für Nach- und Umdenker
- Der eigenen Lebensgeschichte auf der Spur
- Lebensgeschichten – gelebt, erlebt, erzählt
- Das perfekte Weihnachtsgeschenk
- Für die Advents- und Weihnachtszeit
- Mit Kindern ins Gespräch kommen
- Leben mit Kindern
- Mit Menschen aus aller Welt ins Gespräch kommen
- Neuland
- Kommunikation, Motivation, Teamgeist
- Für Teams
- 120 Fragen rund um alles
- Für Teens
- Für Mitarbeitende in diakonischen Einrichtungen
- Wir sind Diakonie
  Neukirchener Verlagsgesellschaft mbH, 120 farbige Fragekarten in einer Metalldose, € 14,99 je Talk-Box

Petra Müller ist Diplompädagogin für Erwachsenenbildung und evangelische Theologie und arbeitet als Referentin in der Fachstelle Alter der Nordkirche.

Stellenanzeige

Die Ev.-Luth. Kirchengemeinden Neustadt-Glewe und Brenz suchen zum 1. März 2018

**eine/n Gemeindepädagogen/in,
eine/n Diakon/in**

für die Arbeit mit Kindern und Familien, Jugendlichen und Erwachsenen in unseren Gemeinden. Der Stellenumfang beträgt 100 %.

Nähere Informationen finden Sie unter
www.kirche-mv.de/Neustadt-Glewe-Brenz
Rückfragen und Bewerbungen erbitten wir an:
Pastorin Silke Draeger, Kirchplatz 2, 19306 Neustadt-Glewe.
Tel: 038757-22557 · E-Mail: neustadt-glewe@elkm.de

Mit Bildern zum Sprechen anregen

Claudia Brand

Bilder bieten Gesprächsanlässe – ob bei Jung oder Alt.
Und nichts fördert die Sprache besser als ihr ständiger Gebrauch.

Für den Elementar- und Primarbereich sind es vor allem Geschichten, die Kinder zum Sprechen animieren – auch Kinder, die sich im Alltag eher ungern mitteilen. Hier bieten sich beispielsweise **Bilderbuchkino**s zur Sprachförderung an. Ein Bilderbuchkino besteht aus einem Bilderbuch sowie den Bildern des Buches auf Dia oder DVD. Die Bilder des Buches werden im abgedunkelten Raum großformatig an die Wand oder Leinwand projiziert (daher der Name Kino!) und vermitteln dadurch ein anderes Bilderleben als das bloße Anschauen des Bilderbuchs. Neben dem Vorlesen der Geschichte zu den Bildern des Buches, eignet sich das dialogische Erzählen in besonderer Weise für die sprachliche Förderung. Hierbei wird die Geschichte Bild für Bild durch die kleinen Zuschauer erschlossen. Um die Kinder ins Erzählen zu bringen, ist es wichtig, Fragen zu stellen. Diese sollten zunächst geschlossen, später offener formuliert sein. Zu beachten ist, dass die Fragen der Zielgruppe angepasst werden. Eine weitere Möglichkeit besteht darin, nur ein einzelnes Bild der Geschichte zu verwenden und den Fortgang durch die Kinder weiterspielen oder -erzählen zu lassen.

Ähnlich dem Bilderbuchkino arbeitet auch das vor wenigen Jahren auf den Markt gekommene **Kamishibai-Bildkartentheater** mit großformatigen Bildern. Besonderheit hier ist der aufklappbare Holzrahmen, meist im Format A3, der ähnlich wie bei einem Theater die Bilder auf einer Bühne in Szene setzt. Für das Kamishibai (jap.: Papiertheater) gibt es zahlreiche Kartensätze mit biblischen als auch weltlichen Geschichten. Das Malen eigener Bildkarten und/oder Stabfiguren, welche im Rahmen agieren können, und das Präsentieren dieser ist ebenfalls möglich. Auch für die Seniorenarbeit sind **Bildkarten** zu Themen der Biografiearbeit u. a. erhältlich. Vor allem demente Ältere lassen sich durch diese zum Erzählen inspirieren, genießen aber auch das Erzählen und Sprechen über altbekannte Geschichten in diesem Format.

Eine Möglichkeit, um Bilder mit freiem Sprechen zu verbinden, ist **Pecha Kucha** (jap.: Geplapper). Mit Hilfe einer PowerPoint-Präsentation werden hintereinander 20 (Bild-)Folien je 20 Sekunden lang gezeigt. Der Sprecher bzw. auch mehrere Personen teilen ihre Gedanken und Informationen zu jeder Folie. Sind 20 Sekunden vorbei, geht es automatisch mit dem nächsten Bild weiter. Ein Anhalten oder Zurückblättern ist nicht vorgesehen. Pecha Kucha wurde in Japan erfunden, um Projekte und Sachverhalte möglichst kurzweilig vorzustellen, um langes „Geplapper" zu umgehen. Diese Methode eignet sich auch hervorragend für die Arbeit mit Gruppen ab Klasse 7. So können die Jugendlichen z. B. die Ergebnisse von Kirchenraumerkundungen präsentieren, die Höhepunkte einer Konfirmandenfreizeit beim nächsten Gemeindefest veranschaulichen oder in einer „Pecha-Kucha-Night" Dinge vorstellen, die ihnen am Herzen liegen. Eine Möglichkeit ist es auch, einer Gruppe unbekannte Bilder zu einem Themenbereich (10 Gebote, Gottesdienst etc.) vorzuspielen und sie dazu erzählen zu lassen. Dies erfordert zunächst Überwindung, trainiert jedoch das freie Sprechen. Auch in Beratungs- und Entscheidungsgremien eignet sich Pecha Kucha. Geht es um die Neugestaltung von Außenanlagen oder die Ausgestaltung der nächsten Gemeindefahrt? Mit Hilfe der 20 Bilder und im zeitlichen Rahmen von 6 Minuten 40 können alle ihre Ideen und Vorstellungen anschaulich und mit zeitlicher Begrenzung darstellen, ohne in langes Geplapper zu verfallen.

Mehr Ideen und Anregungen finden sich in folgenden Büchern:

Gut, Jimmy/Kühne-Eisendle, Margit: Bildbar. 100 Methoden zum Arbeiten mit Bildern und Fotos im Coaching, Training, in der Aus- und Weiterbildung, Therapie und Supervision. 2. Auflg. 2016.

Gruschka, Helga: Mein Erzähltheater Kamishibai. Erzählen und Sprechenlernen in der Krippe. Don Bosco, 2016.

Gruschka, Helga/Brandt, Susanne: Mein Kamishibai. Das Praxisbuch zum Erzähltheater. Don Bosco: 2013.

Claudia Brand studierte Kommunikations- und Medienwissenschaften und Religionswissenschaften an der Universität Leipzig, arbeitet als freiberufliche Medienpädagogin und leitet seit 2009 das Medienzentrum der EKM.

Von Sprache und Pferdestärken
31 Tage mit WORT.TRANSPORT. durch Bayern

Friedrich Rößner

Vom 24.6. bis 25.7.2017 kurvte ein Team aus dem Amt für Gemeindedienst der Evang.-Luth. Kirche in Bayern mit drei großen Fahrzeugen durch Bayern. Der Reformationssommer war der Anlass, um das Wort auf die Straße zu bringen. Die Fahrzeuge, ein Doppeldecker-Bibelbus, eine fahrbahre Bühne und eine Lastwagenkirche, boten dabei den Rahmen, um Aufmerksamkeit und Interesse an stark frequentierten Plätzen in Innenstädten, an Einkaufszentren oder an einem Autohof zu erlangen. 32 Tage lang wurde jeweils an einem Ort ein Tag zusammen mit Gemeinden und Dekanaten gestaltet.

Auch wenn die großen Fahrzeuge Aufsehen erregen sollten, es ging nicht wirklich um Pferdestärken. Das Projekt wollte vor allem ein Transportunternehmen des Evangeli-

ums sein. Die biblisch-reformatorische Grundeinsicht von der Freiheit des Menschen durch Christus sollte im Land verbreitet werden. Manche denken dabei vielleicht zuerst an einen auf einer Obstkiste stehenden schreienden Prediger. So wollten wir es natürlich nicht machen. Die Ansprache der Menschen mit der Sprache des Evangeliums sollte ganzheitlich sein. Und darum gab es die klassische Ansprache an die Menschen an diesen Tagen auch kaum bis überhaupt nicht. Stattdessen konnte man sich einen Bibelvers selbst drucken. Oder: Wer wollte, schöpfte Papier, um danach einen biblischen Spruch für sich oder andere darauf zu schreiben. Natürlich konnte man sich auch eine Spruchkarte in der Lastwagenkirche mitnehmen, als Buchzeichen für daheim. Oder den biblischen Sprüchen mit einem Geocache nachspüren. An manchen Tagen gab es bis zu elf verschiedene Module.

Und immer waren Menschen in Reichweite, die gerne bereit waren, über das Wort miteinander zu sprechen. Wer konsumieren wollte, hörte einer Musikgruppe zu oder sah sich eine kleine Spielszene an. Und wer den Eindruck hatte, bei diesen christlichen Sachen nicht so dazu zu gehören,

der sah am Rande zu. Ich hörte einmal beim Vorübergehen die Kinderfrage: „Mama, was ist eigentlich die Bibel?" An den Orten war die plötzlich überdeutliche Präsenz von Kirche, Glauben und Bibel in der Stadtmitte jedenfalls Ortsgespräch. Wahrscheinlich hatten viele Eltern ganz neue Kinderfragen zu beantworten. Wahrscheinlich unterhielten sich in den angrenzenden Cafés und Kneipen

viele Menschen an diesem Tagen über für sie ungewohnte, weil christliche Themen. Die Bierdeckel mit Sätzen von Martin Luther, die am Abend bei Luthers Biergarten oder manchmal auch schon tagsüber an die Cafés und Kneipen ausgegeben worden sind, haben jedenfalls dazu angeregt.

Interessant waren die Reaktionen der Menschen: An den Gebetswänden häuften sich die Klagegebete („ich will das meine mami wieder nach ausekomt"). In den Gesprächen war viel Interesse der Menschen spürbar. Martin Luther und der Reformationssommer waren dabei ein willkommener Gesprächseinstieg. Im Gästebuch fanden wir nach Abschluss der Aktion den Satz: „Ich bin als Fremder gekommen und als Freund gegangen." Dafür haben sich dann die Pferdestärken rentiert.

Die Präsidentin der Landessynode, Dr. Annekathrin Preidel, meinte als Schirmherrin der Aktion: „Es ist eine großartige evangelische Aufgabe, Gottes Wort auf der Straße, in die Fläche und unter das Volk zu transportieren und mit aller Kraft zu verbreiten!"

Diakon Friedrich Rößner arbeitet zu missionarischen Projekten und Glaubenskursen im Amt für Gemeindedienst in der Evang.-Luth. Kirche in Bayern.

Buchtipps für die gemeindliche Praxis

Petra Müller

Bücher mit Gedanken für jeden Tag sind zahlreich auf dem Markt und in unseren Bücherregalen vorhanden. Nun ist mir eine ganz besondere Neuerscheinung in die Hände gefallen, die nicht wirklich in dieses Schema passt und auf den ersten Blick auch gar nicht danach aussieht. Wer den Titel „**COACHING TO GO**" liest, wird nicht zuallererst an einen Jahresbegleiter denken, auch wenn man klein daneben den Untertitel „Denkimpulse für jeden Tag" entdeckt. Die Autorin **Monika Bylitza** hat seit 20 Jahren Praxiserfahrung auf dem Gebiet der Personalführung. Jedes der 12 Kapitel ist einer Kompetenz gewidmet, wie z.B. Klarheit schaffen, Veränderungen gestalten, Intuition zulassen, Konflikte managen, Perfektionismus ablegen. Zu den Kompetenzen gehören aber auch solche wie „Advent stimmungsvoll gestalten" oder „Stille suchen". Jedes Kapitel beginnt mit einer sehr inspirierenden Einführung. Erst dann kommen die Denkimpulse für jeden Tag. Wie ich finde: ein besonderes Buch, an dem ich sicherlich lange etwas haben werde. Darüber hinaus scheint es mir ein sehr geeignetes Geschenk bei Stellenantritt oder -wechsel zu sein.

Neukirchener Verlagsgesellschaft mbH, Neukirchen-Vluyn 2017, 208 Seiten
Broschur, ISBN 978-3-7615-06385-4, € 16,99

Schon seit geraumer Zeit schwächelt das „Flaggschiff" der kirchlichen Seniorenarbeit: der Seniorenkreis. Obwohl die Zahl der älteren und alten Menschen stetig ansteigt, sinkt vielerorts die Zahl der Teilnehmenden – in den vergangenen 15 Jahren um mehr als 20 Prozent. Woran das liegt, in welche Richtung sich der Gemeindenachmittag entwickeln kann und was sich in der gesamten kirchlichen Arbeit ändern sollte, das analysiert und beschreibt die Diplom-Theologin Susanne Fetzer in ihrem neuen Buch „**80plus und mittendrin – Aufbruch in eine neue Seniorenarbeit**" messerscharf. Wieder einmal ist es der Autorin gelungen, wie schon vor Jahren mit dem Bestseller „Grau sind nur die Haare", eine wegweisende Analyse vorzulegen; dies ist aber nur ein Teil des Buches. Im zweiten Teil werden zahlreiche Projekte zusammengetragen, bei denen die Generation 80plus mittendrin ist. Diese bieten Anregungen zur eigenen Umsetzung oder zum Weiterentwickeln. Dieses Buch ist allen, die hauptoder ehrenamtlich in der Seniorenarbeit tätig sind, wärmstens zu empfehlen

Neukirchener Verlagsgesellschaft mbH, Neukirchen-Vluyn 2017, 192 Seiten
kartoniert, ISBN 978-3-7615-6467-7, € 20,00

Gerne gehe ich mit dem „**Fastenkalender aus dem Kloster Münsterschwarzach**" durch die Fastenzeit. Jede der sieben Wochen vor Ostern steht unter einem Thema. An jedem Tag gibt es einen kurzen Impuls mit einem inspirierenden Bild zum Wochenthema. Die Texte der Mönche möchten uns zu dem hinführen, worum es im Leben wirklich geht. In ihrer Kürze regen sie zum Nachdenken und zum Weiterdenken an. „**Unterwegs zu mir selbst**" lautet das Thema des diesjährigen Fastenbegleiters. Was will ich wirklich? Was hält mich? Was brauche ich, damit mein Leben gelingt? In der Routine des Alltags kommen wir oft nicht dazu, uns diese Fragen zu stellen. Vielleicht gelingt es uns, in den vierzig Tagen vor Ostern ein wenig hinzuspüren: zu dem, was an Sehnsucht in uns leben möchte, zu dem, was wir getrost zur Seite schieben können, und zu dem, was Halt geben möchte.

Vier-Türme-Verlag, Münsterschwarzach 2017, 98 Seiten mit zahlreichen farbigen Abbildungen
geheftet mit Lochung zum Aufhängen, 14,8 × 21,0 cm (offen), ISBN 978-3-7365-0087-7, € 12,99

Der **Katechismusausschuss der Vereinigten Evangelisch-Lutherischen Kirche Deutschlands** (VELKD) hat anlässlich des Reformationsgedenkens ein kleines Buch herausgegeben, das die Grundlagen des Glaubens allgemeinverständlich darstellt. Der **Evangelische Elementarkatechismus „Mit Gott – leicht gesagt**" richtet sich an Menschen ab dem Jugendalter, die erstmals oder nach langer Zeit Kontakt zur Kirche aufnehmen. Lebensnah werden die wesentlichen Motive, Inhalte und Gestaltwerdungen des christlichen Glaubens beschrieben. Das Buch ist in drei Teile gegliedert. „Mit Gott" fragt danach, was Glauben eigentlich ist. „Mit Gott leben" zeigt, wie der Glaube im Leben Gestalt gewinnt. Hier werden prägende Stationen im Lebenslauf herausgegriffen. „Mit Gott feiern" widmet sich den christlichen Festen im Kirchenjahr. Kerntexte des Glaubens sind besonders hervorgehoben, Info-Boxen mit Sachinformationen geben Antwort auf häufig vorkommende Fragen.

Gütersloher Verlagshaus, Gütersloh 2017, 144 Seiten
Broschur, ISBN 978 3 579 08541 8, € 4,99

→

IMPRESSUM

PRAXIS GEMEINDEPÄDAGOGIK (PGP)

ehemals »Christenlehre/Religionsunterricht–PRAXIS«
ehemals »Die Christenlehre«

71. Jahrgang 2018, Heft 1

Herausgeber:
Amt für kirchliche Dienste in der Evangelischen Kirche
Berlin-Brandenburg-schlesische Oberlausitz
Pädagogisch-Theologisches Institut der Nordkirche
Theologisch-Pädagogisches Institut der
Evangelisch-Lutherischen Landeskirche Sachsens
Pädagogisch-Theologisches Institut der Evangelischen Kirche in
Mitteldeutschland und der Evangelischen Landeskirche Anhalts

Anschrift der Redaktion:
Dr. Lars Charbonnier, c/o Evangelische Verlagsanstalt GmbH,
»PGP-Redaktion«, Blumenstraße 76, 04155 Leipzig,
E-Mail ‹redaktion@praxis-gemeindepaedagogik.de›

Redaktionskreis:
Dr. Lars Charbonnier, Führungsakademie für Kirche und Diakonie,
Haus der EKD, Charlottenstraße 53/54,10117 Berlin
Uwe Hahn, Ev.-Luth. Kirchenbezirk Leipzig, Dienststelle des
Bezirkskatecheten, Burgstraße 1–5, 04109 Leipzig
Petra Müller, Fachstelle Alter der Ev.-Luth. Kirche
in Norddeutschland, Gartenstraße 20, 24103 Kiel
Dorothee Schneider, PTI der Ev. Kirche in Mitteldeutschland und der
Landeskirche Anhalts, Zinzendorfplatz 3, 99192 Neudietendorf
Jeremias Treu, Amt für kirchliche Dienste in der Ev. Kirche Berlin-
Brandenburg-schlesische Oberlausitz, Goethestraße 26–30, 10625 Berlin
Christine Ursel, Diakonisches Werk Bayern – Diakonie.Kolleg.,
Pirckheimerstraße 6, 90408 Nürnberg
Redaktionsassistenz: Sina Dietl, Evangelische Verlagsanstalt GmbH

Verlag: EVANGELISCHE VERLAGSANSTALT GmbH,
Blumenstraße 76, 04155 Leipzig, www.eva-leipzig.de
Geschäftsführung: Sebastian Knöfel

Gestaltung/Satz: Kai-Michael Gustmann,
Evangelisches Medienhaus GmbH

Druck: Druckerei Böhlau, Ranftsche Gasse 14, 04103 Leipzig

Anzeigen: Rainer Ott · Media | Buch- und Werbeservice,
PF 1224, 76758 Rülzheim, Tel. (0 72 72) 91 93 19,
Fax (0 72 72) 91 93 20, E-Mail ‹ott@ottmedia.com›
Es gilt die Anzeigenpreisliste Nr. 11 vom 1.1.2012

Abo-Service: Christine Herrmann, Evangelisches Medienhaus GmbH, Telefon (03 41) 711 41 22, Fax (03 41) 711 41 50,
E-Mail ‹herrmann@emh-leipzig.de›

Zahlung mit Bankeinzug: Ein erteiltes Lastschriftmandat (früher
Einzugsermächtigung genannt) bewirkt, dass der fällige Abo-Beitrag
jeweils im ersten Monat des Berechnungszeitraums, in der letzten
Woche, von Ihrem Bankkonto abgebucht wird. Deshalb bitte jede Ände-
rung Ihrer Bankverbindung dem Abo-Service mitteilen. Die Gläubiger-
Identifikationsnummer im Abbuchungstext auf dem Kontoauszug zeigt,
wer abbucht – hier das Evangelische Medienhaus GmbH als
Abo-Service der PRAXIS GEMEINDEPÄDAGOGIK.
Gläubiger-Identifikationsnummer: DE03EMH00000022516

Bezugsbedingungen: Erscheinungsweise viermal jährlich, jeweils
im ersten Monat des Quartals. Das Jahresabonnement umfasst die
Lieferung von vier Heften sowie den Zugriff für den Download der
kompletten Hefte ab 01/2005. Das Abonnement verlängert sich um
ein Kalenderjahr, wenn bis 1. Dezember des Vorjahres keine
Abbestellung vorliegt.

Bitte Abo-Anschrift prüfen und
jede Änderung dem Abo-Service mitteilen.
Die Post sendet Zeitschriften nicht nach.

ISSN 1860-6946
ISBN 978-3-374-05456-5

Preise:
Jahresabonnement* (inkl. Zustellung):
    Privat: Inland € 40,00 (inkl. MwSt.),
          Ausland € 50,00 (exkl. MwSt.);
    Institutionen: Inland € 48,00 (inkl. MwSt.),
          Ausland € 58,00 (exkl. MwSt.);
Rabatte – gegen jährlichen Nachweis:
Studenten 35 Prozent; Vikare 20 Prozent;
Einzelheft (zuzüglich Zustellung): € 14,00 (inkl. MwSt.)
    * Stand 01.01.2018, Preisänderungen vorbehalten

*Die in der Zeitschrift veröffentlichten Beiträge sind
urheberrechtlich geschützt. Kein Teil der Zeitschrift
darf ohne schriftliche Genehmigung des Verlages in
irgendeiner Form reproduziert werden.*

Unsere nächste PGP-Ausgabe erscheint im Mai 2018.

Claas Cordemann/Gundolf Holfert (Hg.): **Moral ohne Bekenntnis?** Zur Debatte um Kirche als zivilreligiöse Moralagentur, Leipzig: EVA 2017, 128 S. (pb.), ISBN 978-3-374-05158-8, EUR 15,00

Was ist die Aufgabe der Kirche? Für viele Nicht-Kirchliche und offensichtlich auch nicht wenige Kirchliche besteht sie im Erheben der Stimme für Ethik und Moral, also für Gerechtigkeit und Teilhabe, für Parteinahme im Namen derer, die selbst zu wenig Partei nehmen können für sich und ihre Interessen. Einen spannenden Beitrag zu dieser brandaktuellen Debatte, die doch zugleich schon lange die theologisch-kirchliche Selbstbestimmung prägt, liefert der von Claas Cordemann und Gundolf Holfert für die VELKD herausgegebene Sammelband, der die XVII. Konsultation von Kirchenleitung und wissenschaftlicher Theologie aus dem Jahr 2015 dokumentiert.

Interessanterweise setzen vier der acht Beiträge den Schwerpunkt weniger im Bereich der generellen Klärung, sondern im Zusammenhang der Kommunikationsformen und -anlässe, in denen diese kirchliche Rolle zum Tragen kommt: in der gottesdienstlichen Liturgie, die nach Michael Meyer-Blanck qua Vollzug moralisch-normativ sei, und in der Predigt, die nach Corinna Dahlgrün heute eher schon zu wenig moralische Position liefere denn überhaupt noch als Moralpredigt klischeehaft vorkomme. Sowie dann im Zusammenhang der Medien, was Notger Slenczka und Matthias Kamann beleuchten. Aus ethischem Interesse heraus und mit Blick auf die kirchlichen Verlautbarungen (Sozialworte, Denkschriften, etc.) sind dann die Beiträge von Johannes Fischer und Peter Schallenberg geschrieben, bis Elisabeth Gräb-Schmidt die Hauptfrage noch einmal direkt bearbeitet: „Kirche als moralischer Akteur oder als entweltlichter religiöser Sinnvermittler?"

Den gemeinsamen Nenner der Konsultation fasst Claas Cordemann in seinem einleitenden Beitrag zusammen: „dass Kirche und Theologie weniger unmittelbare Verhaltensnormierungen anstreben, als vielmehr die Fähigkeit zur eigenen Urteilsbildung in ethischen Fragen stärken sollten. Insofern ist es als ein Selbstmissverständnis anzusehen, wenn die Kirchen sich als Moralagenturen verstehen." (10) Die einzelnen Beiträge nehmen diese Position je für sich und kontextsensibel differenziert auf. Sie lassen erkennen: Wesentlich ist die Frage, wie sich die Kirche zu diesen Fragen verhält, nicht ob. Damit gelingt es dem Band und seinen Beiträgen, die Frage hinter der Frage hervortreten zu lassen und tatsächlich theologische Grundsatzarbeit zu leisten. Wer das gegenwartsrelevant tun mag, dem sei dieser Band wärmstens empfohlen.

Marita Koerrenz/Ralf Koerrenz: **Gerecht handeln**. Mit Jugendlichen Religion und Ethik denken, Materialien für die Klassen 7–10, Göttingen: Vandenhoeck&Ruprecht 2017, 64 S. (pb.), ISBN 978-3-525-70228-4, EUR 18,00

Wie lässt sich mit Jugendlichen in Bildungszusammenhängen über Ethik und Gerechtes Handeln heute nachdenken? Keine neue Frage, sondern eine, die immer wieder neu zu stellen und vor allem praxisorientiert zu bearbeiten ist, auch und gerade in der Kirche, selbst wenn sie zu Recht nicht eine Moralagentur ist. Denn, so die beiden Jenaer Herausgeber in ihrem einleitenden Beitrag: „Die Verständigung über ‚Gerechtigkeit' ist

Vorschau 2/2018

- Was ist beten?
- Beten im Gottesdienst
- Öffentliche Gebetsinseln in Katastrophenorten
- Mit Kindern beten

eine unausgesprochene, oftmals schwer zu fassende Voraussetzung unserer sozialen Existenz" (6). Marita und Ralf Koerrenz haben mit ihrem Materialband für den Religionsunterricht in den Jahrgangsstufen 7–10 einen konstruktiven Versuch vorgelegt, auf welche Weise diese Verständigung im denkenden Diskurs angeregt und vollzogen werden kann. Dabei gibt es bewusst keine Festlegung auf eine Schulstufe und keine direkte Bezugnahme auf Lehrpläne, sondern themenorientiertes Vorgehen, das deshalb auch über den schulischen Religionsunterricht hinaus für Konfirmandenarbeit und Jugendgruppen hilfreich sein könnte.

Fast alle Materialien sind mit Vorbildern und Namen und ihren jeweiligen Konzeptionen von Gerechtigkeit verbunden. Biblische Vorbilder werden ebenso vorgestellt wie Konzeptionen individueller und sozialer und globaler Gerechtigkeit. Die biblischen Vorbilder berühren die Frage nach den Nächsten ebenso wie den evangelisch-katholischen Diskurs über Gerechtigkeit. Unter der Überschrift „Gerechtigkeit erfahren und üben" finden sich unterschiedliche Zugänge und Verstehensweisen von Gerechtigkeit, die durch Erzählungen illustriert werden, etwa Gerechtigkeit als Entscheidung in der biblischen Geschichte vom barmherzigen Samariter oder auch Gerechtigkeit als Aufmerksamkeit mit Michael Endes Momo. Der dritte Block fokussiert auf soziale Gerechtigkeit als ökonomischer Gerechtigkeit und bedient sich wesentlich systematisch-theologischer Positionen, etwa von Jürgen Moltmann, Heino Falcke, Dorothee Sölle oder Don Helder Camara. Ein vierter Block schließlich weitet auf Konzepte kultureller Gerechtigkeit, hier kommen etwa Nancy Fraser, Albrecht Schweitzer oder Axel Honneth vor.

Alle Materialien sind sofort einsetzbar. Sie sind leider nicht farbig, aber doch ansprechend gestaltet. Sie setzen freilich voraus, dass die Themen in eine wohlkomponierte Lehreinheit integriert sind. Aber das darf man ja auch voraussetzen. Dass sie Jugendlichen zu helfen vermögen, in Fragen der Gerechtigkeit sprachfähig zu werden, scheint mir durchweg gegeben, und es ist dem Heft nur zu wünschen!

Patrick C. Höring: **Jugendlichen begegnen**. Arbeitsbuch Jugendarbeit, Praktische Theologie heute Bd. 152, Stuttgart: W. Kohlhammer 2017, 392 S . (pb), ISBN 978-3-17-032502-9, EUR 29,00

Auch in der kirchlichen Jugendarbeit spielen Ethik und Gerechtigkeit eine große Rolle. Aber nicht als erste Aufgabe. Für den Professor für Katechetik und Didaktik des Religionsunterrichts an der Philosophisch-Theologischen Hochschule SVD St. Augustin besteht diese in der Gemeinschaftsdimension der Kirche, dem Grundvollzug der koinonia. Von diesem her konzipiert Patrick Höring sein Arbeitsbuch Jugendarbeit, das zu lesen sich lohnt. Denn Höring, im Aufbau am hermeneutischen Dreischritt von Orientieren und Sehen (bei ihm zwei Kapitel), Urteilen und Handeln orientiert, führt auf aktuellstem Stand der Forschung in die (katholische, aber überwiegend gut übertragbar auch ins evangelische) Jugendarbeit ein. Sehr breit nimmt er die Situation Jugendlicher heute und insbesondere die modernen Signaturen der Religion und ihren Folger und Ansprüche für Jugendliche wahr und folgert daraus Herausforderungen für kirchliche Jugendarbeit. Genauso differenziert wird de Entwicklung der kirchlichen Jugendarbeit beschrieben. Theologisch-dogmatisch wird dann in einem

dritten Teil geurteilt und koinonia als Grunddimension und -vollzug kirchlichen Handelns beschrieben, freilich nicht im Sinne „sentimentaler Beschwörung der Gemeinschaftlichkeit, (…) sondern (es geht um, LC) die Wahrnehmung und Übernahme von Verantwortung und Verpflichtung füreinander aus der gemeinschaftlichen Grundstruktur der Kirche heraus" (353). Dieses wird entsprechend als Kernaufgabe auch der Jugendarbeit apostrophiert. Dieser Ansatz wird im vierten Teil ausgearbeitet und vom Grundsatz einer „symmetrischen Begegnung im Raum der Kirche" her bedacht.

Nur eine wichtige Frage wird nicht gestellt: Ein Hauptproblem von kirchlicher Arbeit ist es, unabhängig von der Konfession, dass die Altersgruppen zwischen 20 und 40 kaum erreicht werden. Sie haben offensichtlich andere Bedürfnisse auch mit Blick auf die Gemeinschaftsdimension von Kirche. Wie sinnvoll ist es, die kirchliche Jugendarbeit da allein auf diese auszurichten?

Nicole Krieger: **Die Gastgeber-Methode**. Konferenzen, Tagungen, Veranstaltungen, Diskussionen kompetent und erfolgreich moderieren, Weinheim: Beltz 2017, 242 S. (hc.), ISBN 978-3-407-36592-7

Wer mit Jugendlichen etwa über Ethik ins Gespräch kommen will, überhaupt wer einen Diskurs mit und für andere begleiten, anleiten, gestalten will, braucht methodisches Handwerkszeug und eine klare Haltung. Die Leiterin der Moderatorenschule Baden-Württemberg Nicole Krieger hat jetzt im Beltz-Verlag ihre Methode für Moderationen großer Teilnehmendengruppen und die damit verbundene Haltung – für mich der wesentliche Punkt – vorgestellt und damit ein sehr interessantes Buch geschaffen, das auch für alle kirchlichen Bildungsprofessionellen einige spannende Anregungen zur Reflexion und Gestaltung der eigenen Praxis als Gastgeber und Gastgeberinnen enthält.

Das Buch ist in drei Teile gegliedert: Im ersten Teil „Gastgeber werden – Grundlagen des Auftritts" werden grundlegende Perspektiven beschrieben: die sozialen Kompetenzen, die kommunikativen, die körpersprachlichen, stimm-, sprach- und sprechbezogenen Kompetenzen. Der Schlüssel zu all dem liegt für Krieger im Rollenverständnis: authentisch Gastgeber(in) zu sein, das ist für sie nachvollziehbar und überzeugend die Grundlage des Gelingens. Aus dieser Haltung heraus und in dieser Haltung sind die weiteren Kompetenzen zu bilden und einzusetzen.

Der zweite Teil widmet sich den Vorbereitungen von Moderationen und berührt Aspekte des freien Sprechens, der Dramaturgie, des Konzepts und seiner Fixierung für eine schnelle Reproduktion im Einsatz bis hin zu Kleidung und Make Up. Der dritte Teil schließlich nimmt den Akt selbst in den Blick: „von der Moderationsprobe bis zum Applaus". Ein Aspekt hier ist der Umgang mit unerwarteten Situationen. Auch hier der Hinweis auf die vertraute Rolle des Gastgebers in der Alltagswelt: Was täte ich im eigenen Wohnzimmer? Und warum soll das nicht auch auf der Bühne sinnvoll sein?
Nach der Lektüre solcher Bücher kann man schnell sagen: Irgend wie alles schon einmal gehört. Aber eben nicht in dieser Zusammenstellung, nicht mit diesem Fokus auf die Rolle und ihre Haltung, und das macht dieses Buch empfehlenswert!

Lars Charbonnier

Gewinnspiel: Silbenrätsel rund um SPRACHE

a – af – al – am – bär – bau – be – ben – big – bum – che – dampf – dan – de – den – den – der – der – deutsch
dia – die – digt – drom – ein – en – er – er – es – far – fen – ge – ge – gei – gen – gen – gos – gor – häh – hör
kau – keit – ken – klang – ko – lek – lin – lip – lis – lo – lo – mächt – markt – maul – me – mer – na – nach – ne
ner – ner – nis – pa – pa – pa – pe – pen – pha – plat – plau – poe – poin – pre – ran – re – red – rei – rhoe – rich
satz – schlag – schrei – schwei – se – sie – sie – sil – spiel – spra – sprich – stimm – stot – streit – strich – stuhl – stum
te – te – te – ten – ten – tern – ti – tik – to – tü – tungs – ver – welsch – wort – zei – zun

1 Umständliche amtliche Ausdrucksweise von Pensionsberechtigten

2 „Ein Neger mit Gazelle zagt im Regen nie." – ein sprachliches Stilmittel

3 Fehlerhaftes Schifffahrtsunternehmen, Summe von Belanglosigkeiten

4 Grammatikalisches Architekturprodukt

5 Lauter flache Reden

6 Sprachlicher Durchfall

7 Lauter Verkaufsprofi

8 Aggressives Handeln eines Mundwerkzeugs nach Alkoholgenuss

9 Da kommt einem kein Wort mehr über die Lippen –
   medizinische Diagnose

10 Vertrauliche Liebesansprache

11 Akustische Inszenierung

12 Reden ist Silber – und was ist Gold?

13 Körpereigene schwingende Instrumente zur Tonerzeugung,
    nicht zum Küssen

14 Handliche internationale Verständigung ohne Worte

15 Redewendung

16 Mentale Linie

17 Unverständliches Sprachgemisch mit Einsatz der Backenmuskulatur

18 Sonntägliche Sitzgelegenheit auf der Kanzel und Gipfel in Oberbayern

19 Produzent feucht-heißer Luft beim Reden

20 Witz-Ende, das englisch /französisch auf den Punkt kommt

21 rhetorische Kunst der Diskussion, Regionalsprache mit Anhängsel

22 Offenmündiges, faules Feilhalten von Säugetieren

23 Welthilfssprache seit 1887

24 Mehrzahl von Wort-Bild-Marken – Joh 1,1

25 Schweigsamer Knecht

26 Kurzwortige Wortkargheit

27 Letzte Worte mit erbfolglicher Willensbekundung

28 Gelehrsames gefiedertes Sprachtalent

29 Konfliktfreudige Hühnervögel

30 Sprecher-Sortier-System

31 Persönliches Sammelbuch für (mehr oder weniger) Dichtkunst

32 Aktuelles in den Medien

33 Hörbare Malerutensilien

34 Schwimmende Fake News

35 Ort eines entscheidenden Blitzschlags 1505 – ohne Heim

Lösungswort:

__ __ __ __ __ __ __ __ __ __ __ __ __ __ __ __ __ __ __ __ __ __ __ __ __ __ __ __ __ __ __ __ __ __ __ .
1 2 3   4 5 6 7 8 9 10   11 12 13   14 15 16   17 18 19 20 21 22 23 24   25 26 27   28 29 30 31 32 33 34 35

Eine Erkenntnis eines englischen Sprachforschers. Ein Hinweis: Umlaute bleiben Umlaute – wie im Silbenrätsel geschrieben.

Schicken Sie die Lösung an:
Evangelische Verlagsanstalt Leipzig
z. Hd. Sina Dietl
Blumenstraße 76
04155 Leipzig
Einsendeschluss: 31.03.2018

Die Preise:
1 Jahresabo der Praxis Gemeindepädagogik
4 × 1 Büchergutschein für den Verlag in Höhe von je
60 EUR

Teilnahmebedingungen:
Teilnehmen darf jede natürliche Person ab 18 Jahren.
Die Teilnahme ist kostenlos und in keiner Weise vom
Erwerb einer Ware oder der Inanspruchnahme einer

Dienstleistung abhängig. Mitarbeiter der Evangelischen Verlagsanstalt und der Praxis Gemeindepädagogik sowie deren Angehörige und Dienstleister sind
von der Teilnahme ausgeschlossen. Der Gewinner wird
per Zufall ermittelt. Der ausgeschriebene Preis ist nicht
übertragbar und kann nicht geändert oder gegen Bar-
geld eingetauscht werden. Der Rechtsweg ist ausgeschlossen. Die Aktion gilt nur in Deutschland, Österreich und der Schweiz.

Ihr Partner für Kirchliches und Kulturelles Reisen

5-Jahreskatalog bis 2022

EUROPA MITTELMEER KAUKASUS

5-Jahreskatalog bis 2022

FERN REISEN

Bestellen Sie jetzt unsere beiden neuen 5-Jahreskataloge **EUROPA** und **FERNREISEN** mit 233 Reiseideen in 74 Länder für Ihre Gemeindereise!

Telefon 0 69 - 92 18 790
www.ecc-studienreisen.de

ECC-Studienreisen
Kirchliches und Kulturelles Reisen

Eine Kinderbibel
für das Leben.

Wieso werden Menschen krank und sterben, wieso gibt es Streit und Krieg in der Welt? Bieten Freundschaft und Familie wirklich Halt? Biblische Geschichten zu den Fragen, die Kinder umtreiben.

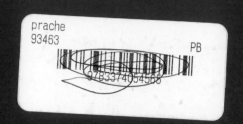

DIE KINDER-THEMEN-BIBEL
Text: Susanne Jasch, Kristine Schnürle
Illustration: Mathias Weber
12 x 23 cm, 128 Seiten
durchgehend farbig illustriert
Fadenheftung, Farbeinband
ISBN 978-3-438-04072-5
€(D) **15,00**

DEUTSCHE BIBEL GESELLSCHAFT

Balinger Straße 31 A | 70567 Stuttgart | www.die-bibel.de

Gebührenfreie Bestell-Hotline 0800-242 3546

72. Jahrgang // Heft 2 // April – Juni 2019

Digitalisierung
in der Gemeindepädagogik

Digitale Transformation
in der Bildung

#Twalms als neuer Zugang
zu alten Texten

PRAXIS GEMEINDEPÄDAGOGIK

ZEITSCHRIFT FÜR EVANGELISCHE BILDUNGSARBEIT

Digital

www.praxis-gemeindepaedagogik.de

KULTUREN ERLEBEN

Biblische Reisen

MENSCHEN BEGEGNEN

MALTA: REISEZIEL FÜR GRUPPEN

Biblische Reisen ist der Reisedienst der Deutschen Bibelgesellschaft und des Katholischen Bibelwerks e.V. und seit über 56 Jahren Ihr Spezialist für maßgeschneiderte Gruppenreisen in die Länder der Bibel, zu den Stätten der Christenheit und in die Welt der Religionen.

Besonders für Gruppen aus Pfarrgemeinden, Bildungseinrichtungen oder dem Chor empfehlen wir Malta, das mit 7000 Jahren Geschichte, herzlicher Gastfreundschaft und mediterranem Charme beeindruckt. Individuelle Besichtigungsprogramme lassen sich mit Fortbildungstagen, Gottesdiensten oder Chorproben ideal kombinieren. Gerne organisieren wir auch Katechetenfahrten zu einem guten Preis-/Leistungsverhältnis.

8-tägige Gruppenreise Malta: „Die Einheimischen waren ungewöhnlich freundlich ..." (Apg 28,2)

Auf einen Blick
- Mittelalterliche Festungen und prächtige Bauten aus Renaissance und Barock
- Der Schiffbruch des Apostels Paulus
- Geheimnisvolle Tempelanlagen
- Tagesausflug Insel Gozo
- Multivisionsschau „Malta Experience"
- Standortreise ohne Hotelwechsel

Malta
Gozo & Comino

Maltas Geschichte reicht bis in die Jungsteinzeit zurück, als die Bewohner einer Fruchtbarkeitsgöttin megalithische Tempel weihten. Der Apostel Paulus erlitt auf seinem Weg nach Rom Schiffbruch vor Malta und brachte das Christentum auf die Insel. Araber, Normannen, Aragoneser und andere Eroberer prägten die Insel.

Preisindikator für Gruppen ab 25 Teilnehmern:
April 2019 bis Oktober 2019
ab **€ 950,–** pro Person im 4*Hotel Palazzin inkl. Linienflug, Doppelzimmer/HP, 6 Tage Ausflugsprogramm inkl. aller Eintritte und Schiffsfahrt, qualifizierte Reiseleitung

Wir beraten Sie gerne persönlich
Telefon: 0711/61925-0
E-Mail: gruppen@biblische-reisen.de

EINFÜHRUNGSREISEN

Gerne laden wir Sie auf eine kompakte Informationsreise für Gruppenverantwortliche ein. Erfahrene Reiseleiter und Mitarbeiter von Biblische Reisen beraten Sie vor Ort zu inhaltlichen Möglichkeiten, Programmen und zur Hotelauswahl. Der Sonderpreis wird bei der Durchführung einer Gruppenreise erstattet.

- Sardinien · 07.10.-12.10.2019
- Wales · 23.09.-28.09.2019
- Baltikum · 16.10.-22.10.2019
- Georgien · 05.10.-12.10.2019
- Kalabrien · 07.10.-12.10.2019
- Irland · 14.10.-20.10.2019
- Andalusien · 04.11.-09.11.2019
- Ägypten m. Nilkreuzf. · 06.11.-12.11.2019
- Griechenland · 11.11.-16.11.2019
- Israel/Palästina · 21.11.-27.11.2019

Die ausführlichen Programme senden wir Ihnen gerne zu oder Sie finden diese auf
www.biblische-reisen.de/gruppenreisen

JETZT GRATIS BESTELLEN:
- Gemeinsam unterwegs – Reiseideen für Gruppen mit Flug, Bus und Schiff – weltweit
- Kultur- und Studienreisen 2019
- Kreuzfahrten auf Flüssen und Meeren 2019

Ihr Spezialist für massgeschneiderte Gruppen-, Studien- und Begegnungsreisen sowie Kreuzfahrten weltweit

Biblische Reisen

Biblische Reisen GmbH
Silberburgstr. 121 · 70176 Stuttgart
www.biblische-reisen.de